MONGOLEI
Gobi
Jiayuguan
Yumen
Lanzhou
Pingliang
SHAANXI
GANSU
Xian
Sanmenxia
Luoyang
Zhengzhou
HENAN
Hwangho
Shangoiu
JIANGSU
Bengbu
Nanjing
ANHUI
Suzhou
Shanghai
Jangtsekiang
KOREA
TAIWAN
OSTCHINESISCHES MEER
LAOS
VIETNAM
THAILAND
N
W
O
S

Auf Marco Polos Spuren

Expedition Seidenstraße

Romy und Hilmar Pabel

Auf Marco Polos Spuren

Süddeutscher Verlag

Umschlaggestaltung Kaselow Design, München
Mit Farbaufnahmen von Hilmar Pabel,
Text von Romy Pabel

Die Vorsatzkarte zeichnete Christl Aumann

ISBN 3-7991-6341-7

Satz: Typodata GmbH, München
Repro und Druck: Wenschow-Franzis, München
Bindearbeit: Oldenbourg, München

Inhalt

Vorwort des Botschafters der Bundesrepublik Deutschland in der Volksrepublik China

Abenteuerlust und der Wunsch, einen langgehegten Jugendtraum zu erfüllen, mögen den Anstoß gegeben haben: Eine Expedition entlang der alten Seidenstraße hat jedoch auch eine symbolische Bedeutung, die an die erste Begegnung von Orient und Okzident erinnert.

Im Zeitalter des interkontinentalen Flugverkehrs mag die Vorstellung schwerfallen, daß diese Straße, für deren Durchquerung eine Karawane in der Regel mehrere Jahre benötigte, einmal die einzige Verbindung zwischen Asien und Europa darstellte. Mit dem Handelsverkehr entstanden hier die ersten beständigen Kontakte zwischen den Völkern Europas und Asiens, die im Verlauf einer wechselvollen Geschichte unsere Kulturen gegenseitig angeregt und geprägt haben.

Es ist das große Verdienst von Romy und Hilmar Pabel, allen Widrigkeiten zum Trotz, diese auch heute noch mühselige Unternehmung auf sich genommen zu haben und nun in einer eindrucksvollen und lebendigen Reportage ein Porträt fast vergessener Kulturen und überwältigender Landschaften zu zeichnen und zusammen mit Bildern aus dem modernen China einer breiteren Öffentlichkeit vorzustellen.

Schließlich sollte nicht unerwähnt bleiben, daß die Hilfsbereitschaft und das Engagement vieler chinesischer Freunde wesentlich zum Gelingen der Expedition und somit auch zum Entstehen des hier vorliegenden Werkes beigetragen haben.

Per Fischer
Beijing/Peking, im April 1986

Vorwort des Botschafters der Bundesrepublik Deutschland in der Islamischen Republik Pakistan

Bereits vor Jahrtausenden zogen Menschen aus Zentralasien über das Karakorum-Gebirge den Indus-Fluß entlang nach Süden.

Es waren fromme Pilger, Händler oder Heerführer, die das schwer zugängliche Gebiet überwanden und in zahlreichen Steininschriften und Felszeichnungen der Nachwelt von ihren Wanderungen berichteten.

Durch dieses Gebiet führte die Seidenstraße, über die von China kostbare Güter mit Karawanen bis in den Mittelmeerraum transportiert wurden. Nach den Mongolen-Einfällen war der Zugang für viele Jahrhunderte gesperrt. Erst seit wenigen Jahren ist der Raum durch den Karakorum-Highway erschlossen. Unter großen Opfern und unvorstellbar schwierigen Bedingungen haben bis zu 15000 Pakistaner und 10000 Chinesen in rund zwanzig Jahren eine »Straße über das Dach der Welt« gebaut.

Internationale Völkerkundler, Geographen und Bergsteiger erforschten die entlegenen Gebiete dieses Raumes.

Es blieb einer kleinen deutschen Gruppe vorbehalten, als Erste die Seidenstraße von China nach Pakistan zu befahren.

Romy und Hilmar Pabel, Kenner dieses Kontinents und seit Jahrzehnten durch viele Reisen mit den Ländern und Menschen Asiens vertraut, hatten nicht nur die Idee, sondern auch den Willen und die Kraft, ihren ungewöhnlichen – ja abenteuerlichen – Plan zu verwirklichen. Durch eine Sondergenehmigung konnte ihr Team auch als erste Europäer mit zwei Personenwagen den Khunjerab-Paß überqueren, ein dankenswertes Entgegenkommen der pakistanischen Regierung.

Von den Erlebnissen und Eindrücken dieser einzigartigen Reise, von den großartigen Landschaften und ihren Begegnungen mit deren Menschen berichtet Romy und Hilmar Pabels Bildband ›Auf Marco Polos Spuren‹.

Gerd Berendonck
Islamabad, im April 1986

1
Yipek Yoli – die Seidenstraße

Nach alten Chroniken zogen schon im Jahr 114 vor Christi Geburt die ersten Karawanen aus dem Reich der Mitte in den »Fernen Westen«. Das war in der Han-Dynastie unter dem großen Kaiser Wu Di.

Doch erst zwei Jahrtausende später prägte der deutsche Geograph Ferdinand Freiherr von Richthofen ihren Namen: die Seidenstraße. Der faszinierend glänzende, federleichte Stoff war außerhalb Chinas mehr begehrt als jede andere Ware. Fast jeden Monat wurden eine Handelskarawane ausgerüstet und ganze Kamelherden beladen. Sie trugen Jade, feines Porzellan, Tee, seltene Gewürze und die kostbaren Seidenrollen. Auch das erste Papier kam aus China und fand über die Seidenstraße den Weg nach Europa.

Im Rom der Antike wußte niemand, wie das schimmernde Gewebe hergestellt wurde, das »zart wie eine Wolke« war. Die westliche Welt glaubte, Seide wüchse als Flaum auf den Bäumen. Diesen Irrtum ließen sich die Chinesen mit purem Gold aufwiegen: ein Gramm Seide kostete ein Gramm Gold. Zeitweise gerieten deshalb die römischen Staatsfinanzen durcheinander, und der alte Plinius klagte über die schädliche Goldausfuhr: »So teuer kommen uns unsere Genüsse und Frauen zu stehen...« Er klagte umsonst. Die Schönen Roms liebten es, sich in die verführerische Seide zu hüllen – und ihre Männer legten sie ihnen zu Füßen!

Der historische Handelsweg war nicht nur für die Kaufleute wichtig, die durch ihn reich wurden. Auf dieser Straße wanderten auch Pilger und Missionare. Hier marschierten Heere der Himmelssöhne und schlugen erbitterte Schlachten gegen die mongolischen Reiterhorden.

Glücksritter, Kundschafter und Abenteurer kamen aus dem Westen, daneben Gaukler und Mystiker. Kaiserliche Prinzessinnen waren mit ihren Sänften und ihrem Gefolge jahrelang unterwegs, um den Herrschern ferner Regionen angetraut zu werden.

Bereits der griechische Naturforscher Ptolemäus erwähnt im zweiten Jahrhundert v. Chr. diese bedeutsame Straße des Kulturaustausches in seiner *Geographia*. Christentum, Buddhismus und Islam fanden so ihren Weg nach Zentralasien.

Der erste in einer langen Reihe berühmter Reisender auf der Seidenstraße war *Zhang Qian*, der 126 v. Chr. als Gesandter im Westen Verbündete gegen die kriegerischen Nomaden im Norden suchen sollte. Diese Mission scheiterte, die meisten seiner Begleiter kamen um, er selbst geriet mehrfach in Gefangenschaft. Dennoch war er erfolgreich: Am Kaiserhof der Han erregten seine Berichte größtes Aufsehen – nie zuvor war ein Botschafter so weit nach Westen vorgedrungen. Zhang Qian brachte wichtige geographische, wirtschaftliche, militärische und politische Informationen mit. Er brachte Kunde von fernen Königreichen, die Chinesen erfuhren durch ihn zum ersten Mal von der Existenz Persiens.

Und er fand »Pferde, schnell wie der Wind«. In jahrelangen Feldzügen eroberte er für seinen Kaiser genügend Zuchttiere, um die Streitkräfte der Kavallerie umzurüsten. Mit Hilfe der »himmlischen Rosse« aus dem Westen (der heutigen Provinz Sinkiang) wurden die Stämme aus den nördlichen Steppen vernichtend geschlagen.

Im 7. Jahrhundert – in der weltoffenen Tang-Dynastie – zog Chinas bekanntester Weltreisender entlang der Seidenstraße nach Indien – der Pilger *Xuan Zang*. Er war siebzehn Jahre unterwegs, um in den Ländern des Westens Kontakte mit weisen Männern zu knüpfen und die Lehren Buddhas zu studieren. Gleichzeitig sammelte er so viele buddhistische Schriften, daß nach der Überlieferung vierundzwanzig Pferde nötig waren, um die wertvolle Last zurück in die Heimat zu bringen. Seine Reisebeschreibungen gehören zu den wichtigsten Quellen der frühen Beziehungen Chinas zu Indien.

Xuan Zangs weite, abenteuerliche Reise ist nicht nur in Büchern festgehalten. Die Jugend des heutigen China schmökert begeistert in Comic-Heften, die seine Erlebnisse schildern, die Gefahren in den endlosen, heißen Wüsten und auf den eisigen Gebirgspässen.

Zu seiner Zeit erreichte auch der nestorianische Mönch *A-Lo-Pen* die Hauptstadt Chang'an. Der Kaiser empfing ihn, ermutigte ihn, die Bibel ins Chinesische zu übersetzen. Er durfte sogar eine Kirche bauen. Wegen ihrer geographischen Unkenntnis wußten seine Gastgeber nicht, woher die neue Lehre kam und bezeichneten die Kirche als »persischen Tempel«.

So viel religiöse Toleranz wie in den Zeiten der Tang-Dynastie (618–907 n. Chr.) herrschte niemals früher oder später in China. Es war ein »goldenes Zeitalter«. Nach dem Niedergang dieser Epoche brachen die Beziehungen zu den mittelasiatischen Ländern für lange Zeit ab. Darüber hinaus wurde gegen Ende des ersten Jahrtausends Seide als Handelsware mit den »westlichen Barbaren« uninteressant. Das lange gehütete Geheimnis ihrer Herstellung war durchgesikkert und ermöglichte im Reich von Byzanz eine eigene Herstellung. Zudem hatte das Meer seine Schrecken verloren, der Seeweg erwies sich als weniger zeitraubend und bequemer als der Landweg. Die einstige Bedeutung der Seidenstraße verging, und viele Oasen verödeten.

Dies jedoch hinderte wagemutige Kaufleute aus dem Abendland keineswegs, weiter an den Chinahandel zu denken, der nach wie vor so gewinnbringend war, daß sich das Risiko lohnte. Als die Mongolen-Khane in Peking Mitte des 13. Jahrhunderts die Macht übernahmen, wurden die Grenzen nicht mehr hermetisch verriegelt.

Zwei venezianische Kaufleute erkannten die Gunst der Stunde – *Nicolo* und *Maffeo Polo*. Auch sie reisten entlang der Seidenstraße, machten unterwegs glänzende Geschäfte und wurden an den Hof Kublai Khans eingeladen. Reich beschenkt und mit einer Botschaft des Großkhans an den Papst kehrten sie zurück – um nach einer zweijährigen Pause mit dem siebzehnjährigen Sohn Nicolos, *Marco Polo*, erneut auf die strapaziöse Reise zu gehen, dieses Mal als päpstliche Gesandte.

Wie Xuan Zang sechs Jahrhunderte vor ihnen überwanden sie die schwierigen Pässe des Pamir-Knotens, dem Zusammentreffen drei der gewaltigsten Gebirgsketten dieser Erde: Hindukusch, Himalaya und Karakorum. Sie ritten entlang dem Südrand der gefürchteten Wüste Taklamakan, und am Gelben Fluß wartete ein Ehrengeleit, das sie zur Sommer-Residenz Kublai Khans brachte.

Der inzwischen zwanzigjährige Marco Polo gewann die Sympathie des Kaisers mit seiner Höflichkeit, seinem Charme und jugendlichen Elan. Als sein persönlicher Beauftragter besuchte er fast alle Provinzen Chinas in geheimen Missionen. Über diese vertraulichen Aufträge schweigt er sich zwar aus, doch als er nach vierundzwanzig Jahren zurückkehrte in die Heimat, machten ihn seine detaillierten, genau beobachteten Schilderungen berühmt – und suspekt. Seine Landsleute hielten ihn für einen Aufschneider und Lügner: Die Berichte über den prunkvollen Hof Kublai Khans klangen gar zu phantastisch. Im Prolog seines Buches schreibt er: »Kein Mensch, mag er nun Heide, Sarazene oder Christ sein, hat seit der Erschaffung Adams bis auf den heutigen Tag so viele und gewaltige Dinge gesehen...«

Unter sehr viel schwierigeren Bedingungen versuchte drei Jahrhunderte später der Jesuit *Bento de Goes*, »verschollene christliche Gemeinden« wiederzufinden, die jenseits der hohen Berge wohnen sollten. Teilweise folgte er Marco Polos Spuren, benützte jedoch ab Kashgar die nördliche Route der Seidenstraße um die Wüste Taklamakan. Ohne seinen missionarischen Glaubenseifer, ohne sein Sprachtalent, ohne diplomatisches Geschick und unbeugsamen Willen wäre er nie bis ins Innere Zentralasiens vorgedrungen. Verkleidet als arabischer Kaufmann nannte er sich »Banda Abdulla«, Diener des Herrn, mit dem Beinamen »Isai«, Christ. Dieser Bekennermut wurde ihm zum Verhängnis: Nach einer fast fünfjährigen Reise von Goa aus starb er 1607 in Sutschou, vermutlich vergiftet von islamischen Fanatikern. In seiner Todesstunde sagte er: »Der Weg war sehr lang, sehr schwer und voller Gefahren. Niemand soll versuchen, ihn zu wiederholen.«

Diese Warnung haben weder *Sven Hedin* noch *Aurel Stein*, zwei der großen Forschungsreisenden unseres Jahrhunderts, beherzigt.

Der Schwede Sven Hedin war ein genialer Geograph; er verstand es, seine wissenschaftlichen Expeditionen so lebhaft zu schildern, daß er damit ein Millionen-Publikum gewann. Der Himalaya, Zentralasien und insbesondere die Seidenstraße waren seine Hauptarbeitsgebiete. Die Taklamakan kannte er wie kaum ein anderer und riskierte bei ihrer Vermessung mehr als einmal sein Leben. Er fand drei versunkene, vom Sand verwehte Städte – ihre Ausgrabung aber überließ er weitgehend anderen.

Sein Zeitgenosse Aurel Stein besaß auf diesem Gebiet mehr Sachkenntnis als hervorragender Archäologe und vielseitig ausgebildeter Orientalist. Der gebürtige Ungar und naturalisierte Engländer hatte außerdem das Glück einer ungewöhnlichen Spürnase: Er roch förmlich, wenn sich unter einem antiken Schuttberg etwas Interessantes verbarg.

In Dunhuang, der Oase, an der sich die Seidenstraße gabelt, entdeckte er in einer riesigen Höhlenkloster-Anlage eine seit fast tausend Jahren eingemauerte Bibliothek. Sie barg wahre Schätze, ausgezeichnet erhalten durch das trockene Wüstenklima: Chinesische Dokumente, Sanskrit-Manuskripte auf Palmblättern geschrieben, seidene Tempelbanner, erlesene Malereien und Stickereien, Schriftrollen in tibetischen und unbekannten Sprachen.

Ein sensationeller Fund, der von einem Bettelmönch namens Wang als selbsternanntem Wächter behütet wurde. Mit seiner Überredungskunst und mit einer ›Tempelspende‹ bewog ihn Stein, ihm einen Teil davon zu überlassen. Heute zählen diese einzigartigen Dokumente zu den Kostbarkeiten des Britischen Museums in London. Aurel Stein brachten sie nicht nur Ruhm, sondern auch den Adelstitel ein.

Weitere Forscherteams aus vielen Ländern folgten Stein nach wie die vier deutschen *Turfan-Expeditionen* zwischen 1902 und 1914 unter Albert Grünwedel und Albert von Le Coq, der darüber klagte, daß die Mandarine Zerstörungen und Plünderungen von Einheimischen tatenlos duldeten.

Die chinesischen Behörden hatten im ersten Viertel dieses Jahrhunderts andere Sorgen, als sich um die halbvergessenen Kulturschätze ihrer Vorväter zu kümmern. Als sie dazu endlich Gelegenheit fanden, war es zu spät: Zuvor hatten die »fremden Teufel auf der Seidenstraße« bei den Ausgrabungen gewetteifert und tonnenweise Kunstwerke und Schriftdokumente außer Landes gebracht. In ihren Augen bewahrten sie damit unersetzliche Werte für die Wissenschaft, retteten sie vor der Zerstörung durch eifernde Moslems und vor ahnungslosen einheimischen Schatzsuchern. Ganz zu schweigen von dem, was später der sogenannten Kulturrevolution zum Opfer fiel. (In dem Buch von Peter Hopkirk mit dem Titel *Foreign Devils on the Silkroad* sind diese Unternehmungen detailliert geschildert; deutsche Ausgabe beim List Verlag unter dem sachlicheren Titel *Die Seidenstraße.*)

Aus der heutigen Sicht der Chinesen gelten diese »foreign devils« dennoch als Räuber und Diebe. Die Funde und Ausgrabungen sind weltweit in mehr als dreißig Museen verstreut. Das neue, selbstbewußte China, stolz auf seine große Geschichte und nicht mehr erschüttert von Bürgerkriegen und inneren Wirren, reagiert mit Zorn auf diese Tatsache, die in ihrer Bedeutung nicht rechtzeitig erfaßt wurde: Ausländer haben die wichtigsten Dokumente ihrer Vergangenheit gestohlen. Heimlich wie Diebe haben allerdings weder die Deutschen noch die Engländer und Franzosen, weder die Amerikaner noch die Russen und Japaner ihre Funde außer Landes geschafft – sie wären zu umfangreich gewesen, als daß man sie hätte verbergen können.

Auch Sir Aurel Stein und Sven Hedin arbeiteten in aller Offenheit. Wie hoch die Chinesen selbst Sven Hedins Werk, sein Wissen und seine Leistungen einschätzten, beweist seine letzte Expedition in den Jahren 1933 bis 1935: Im Auftrag der chinesischen Regierung reiste er von Peking über die Mongolei entlang der nördlichen Trasse der Seidenstraße bis Urumtschi, um diese weiten Wüsten und Steppenlandschaften zu vermessen und karthographisch aufzunehmen. Das Ergebnis seiner disziplinierten Arbeit bildete die Grundlage für den Bau der Eisenbahnlinie Peking – Urumtschi und der ganzjährig befahrbaren neuen Straßen.

Sven Hedin war der letzte Europäer, der die Erlaubnis bekam, mit eigenem Team, mit Lastwagen und vier Ford-Limousinen das Reich der Mitte bis in das entlegene Sinkiang zu durchqueren.

Fünfzig Jahre nach Sven Hedin – war das nicht ein verlockendes Jubiläum und ein Anlaß für eine neue Fahrt durch China entlang der historischen Seidenstraße? Nicht auf wissenschaftlicher Basis, sondern als Testfahrt mit moderner Technologie?

Der Gedanke ließ uns nicht mehr los. Der Plan war kühn, schien aber realisierbar, seit China seine Pforten mehr und mehr öffnete. Wie aus dieser Idee Wirklichkeit wurde, wird in diesem Buch geschildert. Es ist ein Reisebericht mit einem historischen roten »Seiden«-Faden. Zwei Monate sind zu kurz, um mehr als persönliche Erlebnisse und Eindrücke aus einem so riesigen Land wiederzugeben. Aber sie reichen aus, um China, seine Menschen und seine Landschaften ins Herz zu schließen.

Erläuterndes Postskriptum:

Der Begriff *die* Seidenstraße (wenn man ihn als Singular gebraucht) ist irreführend, auch wenn er sich so eingebürgert hat. Der Plural wäre zutreffender, denn es gab mehrere und ganz verschiedene Routen seit der Blütezeit des Ost-West-Handels. Schon in Dunhuang, vor der zentralasiatischen Wüste Taklamakan, teilte sich die Seidenstraße zum ersten Mal in einen nördlichen und einen südlichen Zweig, die beide am Rand des Tarim-Beckens entlanggingen. In Kashgar trafen sie zusammen und trennten sich danach wieder:

Eine Strecke führte über die Hochgebirgspässe des Pamir nach Indien und zum Meer, ein Teil von ihr über Afghanistan ins »Abendland«. Die zweite Strecke führte von Kashgar in Richtung Samarkand und Bokhara durch das heutige Rußland nach Westen. Diese Seidenstraßen waren unbefestigte Karawanenpfade, die sich je nach Jahreszeit und Wetter änderten, abhängig vom Wasser der Oasen. So bildeten sich immer neue Pisten und für Mensch und Tier lebensnotwendige Abzweigungen. Sie alle waren wie ein riesiges Netz, das den Fernen Osten mit dem fernen Westen verknüpfte. Sven Hedin schätzte ihre Länge mit allen Windungen auf 10000 Kilometer. Er schrieb: »Ohne Übertreibung kann man sagen, daß diese Handelsstraße das längste und in kulturgeschichtlicher Hinsicht bedeutungsvollste Verbindungsglied zwischen Völkern und Erdteilen ist. Die chinesischen Kaufleute wußten bestimmt nicht, wo die unzähligen Seidenballen schließlich landeten. Erst die phönizischen Schiffer in Tyrus kannten Rom als den größten Abnehmer.«

2
Hürdenlauf in Shanghai

Eine wahre chinesische Mauer aus Papier mußte überwunden werden, um unseren Plan verwirklichen zu können: Wir wollten quer durch das Reich der Mitte bis in Chinas ›Wilden Westen‹ fahren, weiter über den für Ausländer gesperrten Khunjerab-Paß nach Pakistan und von da entlang der alten Seidenstraße bis zur afghanischen Grenze.

China-Kenner erklärten uns rundweg für verrückt, vor allem, weil wir mit zwei deutschen Wagen reisen und sie auch noch selbst steuern wollten.

»Eine großartige Sache – aber ein Wunschtraum«, kommentierte ein Kollege, der jahrelang in Asien gelebt hatte und wußte, was möglich ist und was nicht. »Ihr könnt fliegen, mit Bahn oder Bus fahren. Ihr könnt radeln und per Anhalter reisen – alles geht, nur nicht das, was ihr vorhabt.«

Tatsächlich hätten wir uns auch mit Kamelen, Pferden oder Eseln auf den Weg machen können. Das hätte statt ein paar Wochen ein paar Jahre gedauert, wäre aber einfacher gewesen als auf eigenen vier Rädern. In Xian hörten wir später von einer jungen Australierin, die sich in Lhasa einen Grunzochsen, einen Yak, gekauft hatte und auf ihm über die Pilgerstraße zum heiligen Berg Kailas ritt!

Gottlob ahnten wir damals noch nicht, wie hoch die Hindernisse waren, als wir uns auf dieses Abenteuer einließen – vielleicht hätten wir dann von vornherein kapituliert. So aber waren wir voller Optimismus und wischten alle Einwände kurzerhand vom Tisch unter dem Motto: »Einer muß der Erste sein – wo ein Wille ist, ist auch ein Weg. Nothing is impossible!«

Natürlich war uns die Idee zu diesem Unternehmen nicht über Nacht gekommen. Schon drei Jahre zuvor hatten wir mit dem Gedanken gespielt und bei den Botschaften Chinas und Pakistans in Bonn angefragt, von beiden aber glatte Absagen erhalten. Die Zeit war damals noch nicht reif.

Dann begann China zögernd den Bambusvorhang zu lüften, nicht nur für Gruppen, sondern auch für Einzelreisende. Immer mehr Provinzen wurden Fremden geöffnet, wir schöpften wieder Hoffnung und begannen erneut mit den Vorbereitungen.

Außer Hilmar und mir sollten zwei reiseerfahrene Männer mitkommen auf die Fahrt über die Seidenstraße: Alois Eder, Kfz-Meister bei Audi-Sport, der schon bei vielen internationalen Rallyes die Wagen betreut hatte. Es war beruhigend, ihn dabei zu haben, denn er wußte, was unter der Motorhaube steckt und konnte in verblüffender Geschwindigkeit platte Reifen auswechseln. Daneben konnte er vorzüglich Hammelkeule und Steckerlfisch braten und alles organisieren, was wir unterwegs brauchten – vom lauwarmen Bier am Abend bis zum Korb voll Eier. Alois hat Hände wie Dreschflegel, ein ebenso großes Herz am rechten Fleck und einen hintergründigen Sinn für Humor, der unterwegs zu einer Quelle der Heiterkeit wurde. Bekanntlich lernt man erst auf Reisen Menschen wirklich kennen, und Alois erwies sich nicht nur als erstklassiger Fachmann, sondern auch als liebenswerter hilfsbereiter Kamerad.

Florian Freytag war der zweite Mann mit der Aufgabe, eine Video-Dokumentation zu filmen. Er kannte den Landweg nach Indien und Ladakh aus eigenem Erleben, hatte in der Sahara Wüstenerfahrung gesammelt und brachte dadurch gute Voraussetzungen mit. Sein uriger Vollbart wurde in China neidvoll bewundert. Nur die Uighuren in der westlichen Provinz Sinkiang konnten mit ihm konkurrieren.

Im Wonnemonat Mai landeten wir in Shanghai. Uns war klar, daß wir die erforderliche Sondergenehmigung nie in Deutschland erhalten würden, sondern nur vor Ort, in China selbst. Und daß wir, ohne dieses Risiko auf uns zu nehmen, keinen Schritt weiterkommen würden.

Die Seidenstraße: Von den Sandwüsten des Tarimbeckens in gefährliche Gebirgsregionen des Pamir-Hochlandes.

Das Team von rechts nach links: Kfz-Meister Alois Eder, Romy und Hilmar Pabel, Florian Freytag.

Die in Shanghai mühselig erworbenen chinesischen Führerscheine.

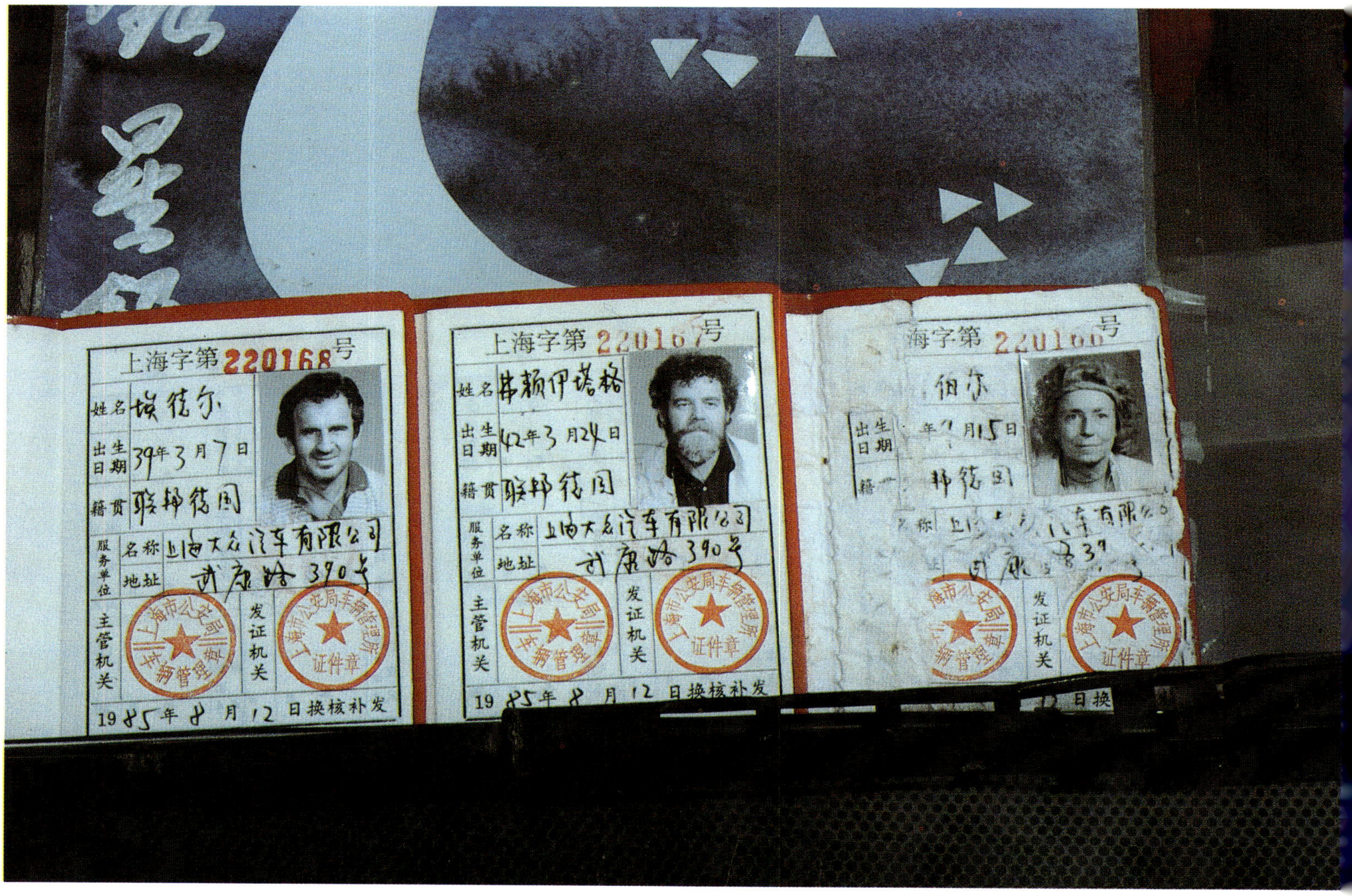

Klangvolle Namen für die beiden Expeditionswagen: »Silbermond« – Wahrzeichen in der Nationalflagge Pakistans

– und »Purpursonne«, Übersetzung von Zhao Ziyang, dem Namen des chinesischen Ministerpräsidenten.

Panda-Bär im Zoo von Beijing.

Große Mode bei den Kindern Shanghais: Panda aus Plastik!

Phantasievoll gebastelte »Fahrrad-Kutsche« für den einzigen Sohn.

Die beiden Expeditionswagen waren serienmäßige *Audi 100 Avant quattro*, die vom Werk Ingolstadt zur Verfügung gestellt wurden. Die Jubiläumsfahrt – ein halbes Jahrhundert nach Sven Hedin – war gleichzeitig ein Test, dessen Ergebnisse bei der späteren Produktion »chinagerechter« Fahrzeuge in Shanghai genutzt werden sollten.

Das Container-Schiff ›Peter Rickmers‹ hatte die Wagen an Bord und traf kurz nach uns in der Hafenstadt ein. Wir setzten uns mit dem Vertreter der Reederei in Verbindung, einem markigen Kapitän mit Namen Bangemann. Er belächelte unsere naive Vorstellung, das Ankunftsdatum sei identisch mit dem Einlaufen.

»Die ›Peter Rickmers‹ ist pünktlich«, belehrte er uns mit der nachsichtigen Miene eines Lehrers, der einen Hilfsschüler vor sich hat, »aber sie liegt 55 Meilen vor dem Hafen auf Reede. Wann Platz an der Pier sein wird, ist ungewiß, ein anderes Schiff unserer Linie wartet schon vier Wochen. Wappnen Sie sich mit Geduld.«

Wir schauten einander betroffen an. Das konnte ja lustig werden! Insider bezweifelten, daß wir überhaupt eine Reisegenehmigung für eigene Wagen erhalten würden, und der Käpt'n sprach von wochenlanger Wartezeit.

Noch ehe wir uns von diesem Schreck erholt hatten, erlebten wir weitere Überraschungen: Die beiden neuen *Audi quattro* sollten in einem umständlichen Verfahren vom Shanghai-TÜV überprüft werden – als Voraussetzung, chinesische Nummernschilder zu erhalten. Die deutschen nämlich wurden nicht anerkannt, ebensowenig unsere internationalen Führerscheine. Drei Wochen liefen wir von einer Behörde zur anderen, füllten Formulare aus, sammelten Stempel, Empfehlungsschreiben und Bestätigungen, übten uns in der löblichen Tugend der Geduld und hörten täglich den Satz: »China is different – China ist anders.«

Wieviel Wahrheit in diesem Satz steckte, merkten wir bald. Schnell und unbürokratisch gelang uns nur eines: Die Reiseerlaubnis durch sieben Provinzen zu erhalten. Wohlgemerkt – für unser Team, doch nicht für die Wagen. Ein solcher Fall sei noch nie dagewesen, war der ständige Kommentar. Mit unserem Ansinnen ernteten wir ungläubiges Kopfschütteln, Staunen und gelegentlich auch große Heiterkeit über eine so unrealistische Idee.

Niemand fühlte sich zuständig oder konnte wenigstens den Zuständigen nennen. Niemand wollte Verantwortung übernehmen, denn bei der kleinsten Panne würde er ja sein Gesicht verlieren. Auch unser großer Vorgänger Sven Hedin hatte seinerzeit einen zermürbenden Papierkrieg durchfechten müssen, obwohl die letzte Expedition von der chinesischen Regierung selbst ausging. In seinem Buch *Die Seidenstraße* schreibt er: »Meine Freunde fanden es ganz natürlich, daß eine Autofahrt nach Innerasien am Anfang auf Schwierigkeiten und Scherereien verschiedenster Art stößt.«

In einem halben Jahrhundert hat sich daran nichts geändert. Die Chinesen sind damals wie heute wahre Meister im Erfinden von Ausreden, wenn es darum geht, etwas abzulehnen. »Was Sie vorhaben, ist unmöglich«, wurde uns immer wieder gesagt, höflich doch bestimmt, »unmöglich aus den verschiedensten Gründen.«

»Welche Gründe?«

»Auf weite Strecken gibt es keine Tankstellen, schlechte Straßen, keine Hotels.«

Über so schlichte Argumente waren wir geradezu erleichtert.

»Schlechte Straßen sind genau das Richtige für eine Testfahrt! Wir haben Reservekanister, die Wagen fahren sehr sparsam und auf dem Dach sind Zelte montiert. Wir haben überall unser eigenes Hotel. Wo sind da Probleme?«

Sichtliches Erschrecken auf chinesischer Seite. »Dachzelte?? Unmöglich – viel zu gefährlich! Wilde Tiere könnten Sie überfallen!«

Es war schwer, das Lachen zu verbeißen. »Vielleicht ein Panda-Bär, ein sibirischer Tiger oder ein tibetischer Schneelöwe? Am Ende gar ein Steppenwolf?«

Die Chinesen blickten gekränkt drein, weil wir ihre Worte offensichtlich nicht ernst genug nahmen. Das Gespenst der Verantwortung ließ sich nicht vertreiben, auch wenn wir ein Dutzend Mal versicherten, sie läge voll auf unserer Seite.

Der Vizebürgermeister Shanghais verstieg sich zu der dramatischsten aller

Warnungen: In den Oasen um die Wüste Taklamakan sei Wasser so knapp, daß er in früheren Jahren dort habe Petroleum trinken müssen, um nicht zu verdursten! Insgeheim beglückwünschten wir ihn zu einer so robusten Gesundheit, die ihn diesen Trank überleben ließ, hüteten uns aber, das laut zu sagen. Hinweise auf Wassersäcke und Wasserkanister sowie unsere erstklassige Expeditions-Ausrüstung machten nicht den geringsten Eindruck.

Besondere Probleme hatten wir mit einer Genossin, die den schönen Namen ›Goldene Jade‹ trug und von uns mit dem Spitznamen ›Tante General‹ bedacht wurde. Sie war zuständig für die Ausgabe von chinesischen Nummernschildern und Führerscheinen. Für westliche ›Langnasen‹ hegte sie keinerlei Sympathie und zeigte das mit großer Deutlichkeit, indem sie täglich neue Papiere und Stempel forderte, die wir beibringen sollten. Wir mußten gute Miene zum bösen Führerschein-Spiel machen. Dazu gehörte unter anderem eine ausführliche Untersuchung im Krankenhaus. Wir mußten uns messen und wiegen lassen, in Augen, Hals, Nase, Ohren schauen, die Rippen abtasten, das Herz abhören, befragen, ob wir Raucher oder Trinker seien und welche sonstigen Laster wir hätten. Ob wir nun auch wirklich ein Auto lenken konnten, interessierte ›Tante General‹ nicht.

Neben dem Tauziehen mit ihr liefen unsere Bemühungen, die Wagen vom Schiff zu holen. Ich tauchte täglich bei Kapitän Bangemann auf, der nach einer Woche etwas gestreßt wirkte. Zur Begrüßung zückte ich jedes Mal ein Blatt Papier, auf dem in Großbuchstaben zu lesen stand: NOTHING IS IMPOSSIBLE. Er teilte diese Meinung keineswegs, aber mehrere Telefongespräche mit den Frachtabteilungen von Audi und VW – und von dort zur Reederei – machten das fast Unmögliche möglich: Die ›Peter Rickmers‹ wurde für wenige Stunden in den Hafen geholt, um die beiden Container abzusetzen.

»Wem verdanken wir denn dieses Wunder?« fragte Kapitan Schamacher seinen Kollegen Bangemann. – »Keine Ahnung«, antwortete dieser.

»So etwas ist mir in 35 Jahren christlicher Seefahrt noch nie passiert«, stellte Kapitän Schamacher fest, »auf Reede warten noch 80 bis 100 Schiffe...«

Tatsächlich wurden mit riesigen Kränen zwei Container an Land gehievt und wir hofften inbrünstig, daß die beiden Wagen darin steckten und nicht versehentlich eine falsche Fracht. Das Hafenzollamt hatte an diesem Tag schon Feierabend, also konnten wir uns erst am nächsten Morgen überzeugen, daß wir Glück gehabt hatten. Und auch die Zollbehörde, bei der wir allerhand Komplikationen befürchtet hatten, erwies sich als höchst entgegenkommend: Nach einer knappen Stunde waren die Wagen samt der Ausrüstung frei. Endlich ein Lichtblick!

Hoffnungsfroh erschienen wir wieder bei der gestrengen Tante General, um wenigstens den TÜV abnehmen zu lassen. Aber gleich gabs den nächsten Dämpfer auf unsere Freude. Sie dachte gar nicht daran, uns entgegenzukommen; vielmehr hielt sie uns eine gehörige Standpauke, weil wir es gewagt hatten, uns überhaupt hinters Steuer zu setzen. Ihre Vorhaltungen endeten damit, daß zwei chinesische Taxi-Chauffeure unsere schönen *quattros* zurückfuhren ins Hotel. Alois verwünschte lautstark auf bayerisch deren technischen Unverstand und die eiserne Paragraphentreue von Tante General, die geradezu stempelsüchtig war.

Nun hatten wir zwar die Wagen, aber dennoch ging es nicht voran. Die Tage verstrichen bei der Stempeljagd, denn in China sind Stempel wichtiger als eine Unterschrift, deshalb werden sie auch besonders sorgfältig verwahrt.

Jede Firma hat nur einen einzigen Stempel und dazu eigens einen »Stempelhüter«. Bei VW Shanghai war es Herr Cheng. Er pendelte mehrfach täglich zwischen dem Stadtbüro und dem 40 Kilometer entfernten Werk im Außenbezirk Anting. Wenn wir ihn an einem der beiden Plätze erwischten, war dies fast wie ein Treffer im Lotto. Dann schloß er seine Schublade auf und verteilte die kostbaren Stempel großzügig auf die vorgelegten Papiere.

Es dauerte ein Weilchen, bis wir begriffen, daß auch die größte Hartnäckigkeit nicht zum Ziel führen würde – erst recht nicht mit logischen Argumenten. Dagegen fanden wir im deutschen Generalkonsulat jede denkbare Hilfe. Und von Hilmars altem Freund und Vizekonsul Günter Jacob erhielten wir den Hinweis auf einen gangbaren Weg: »Lassen Sie die Wagen bei uns, fliegen Sie wieder heim und beginnen Sie die Planung neu. Nur auf höchster diplomatischer Ebene haben Sie eine Chance. Der Staatsbesuch von Ministerpräsident Zhao Ziyang in Deutschland ist ein idealer Anknüpfungspunkt.« Es war schwer, sich mit diesem Gedanken anzufreunden, aber es war das Vernünftigste.

»Oh du lieber Augustin, alles ist hin…«, leierte es am Abend vor unserer Heimreise aus den Lautsprechern im Henshan-Guesthouse. Die Männer fluchten, und mir war nach Weinen zumute. In dieser Situation fiel mir Livingstone ein: »Have a plan and stick to it – never give up, try again! Nimm dir etwas vor und bleib dabei – gib niemals auf, versuch' es wieder!«

Um viele Erfahrungen reicher und manche Hoffnung ärmer flogen wir schließlich zurück nach Deutschland, fest entschlossen, so bald wie möglich wiederzukommen. Und mit Hilfe eines besonderen Briefes erreichten wir dieses Ziel auch:

DR. JUR. WOLFGANG R. HABBEL
VORSITZENDER DES VORSTANDS
AUDI AG

AUTO UNION STRASSE
D-8070 INGOLSTADT
TELEFON: (0841) 89-3300

致中华人民共和国国务院总理赵紫阳先生

尊敬的总理先生：

我以奥帝汽车股份公司董事会的名义请求您准许两辆奥帝100汽车在古老的丝绸之路试车。

四位考察组员已在上海获准考察，将途经下列省份：江苏、安徽、河南、陕西、甘肃、新疆、西藏。

若能从新疆经由喀喇昆仑公路出境至巴基斯坦，考察组便能重新经历这一历史之路的全程。

如果不行的话，奥帝考察组便计划从西藏出境至尼泊尔，选择意大利考察组四辆车在五月获准走过的同一路线（请阅附件）。

这一体育性项目成败与否，全部责任当然由德方承担。

两辆奥帝100已抵达上海，驾驶员只是在等待贵方的试车许可。若能迅速获准，我们将分外感激。

尊敬的总理先生，您若能亲自支持我们的考察，将是发展中德关系及良好合作的又一佐证，定能加深两国人民的友谊。

为此，我们已将这次试车旅行命名为"中德友好考察"。

顺致

崇高的敬意

奥帝汽车股份公司董事会主席

沃尔夫冈·R·哈贝尔

3
Start mit kleinen Hindernissen

Zur Ankunft des chinesischen Ministerpräsidenten in München bereiteten wir ein sorgsam formuliertes Bittgesuch vor, ließen es übersetzen und in feinster Kalligraphie niederschreiben. Dr. Wolfgang Habbel, Vorstandsvorsitzender von Audi, war gemeinsam mit anderen Topmanagern von Franz Josef Strauß zu einem Empfang in die Bayerische Staatskanzlei eingeladen und wollte es bei dieser Gelegenheit persönlich übergeben.

All unsere Hoffnungen konzentrierten sich auf diesen Tag. Am Vorabend schickten wir ein Telegramm nach Ingolstadt:

»Für das wichtige Gespräch der beiden großen Vorsitzenden wünschen wir Ihnen: die Weisheit des Konfuzius / die Redekunst des Sokrates / die Überzeugungskraft des Marc Anton / und das diplomatische Geschick des Fürsten Metternich...«

Der Plan war erfolgreich: Der chinesische Premier nahm das Gesuch entgegen und reichte es weiter an seinen Botschafter Guo Fengmin. Die Idee einer ersten Expedition mit Personenwagen auf Marco Polos Spuren schien ihm zu gefallen.

Von da an liefen unsere Anträge auf hoher diplomatischer Ebene. Zwischen Bonn, Ingolstadt, Beijing/Peking und Islamabad gingen 42 Telex-Schreiben hin und her. Die deutschen Botschafter in China und Pakistan, Dr. Per Fischer und Gerd Berendonck, machten unsere Expedition zu ihrer Herzensangelegenheit und schöpften jede denkbare Möglichkeit aus, die Sondergenehmigungen beider Regierungen zu erhalten.

Nach weiteren sechs Wochen Geduldsprobe war es dann schließlich soweit: Die Erlaubnis wurde grundsätzlich erteilt, wobei die Unterstützung von SVW (Shanghai Volkswagen) zweifellos auch eine Rolle spielte: Ab 1986 standen neben dem ›Santana‹ auch Audi-100-Modelle auf dem Produktionsplan. Zum Glück kannte Hilmar den technischen Direktor Hans-Joachim Paul (›Mongolen-Paul‹) aus dem Werk Kassel. Er erwies sich als wahrer Freund und half uns nach Kräften.

Wir flogen nach Beijing, um das gewichtige Dokument in Empfang zu nehmen und erfuhren zu unserer Überraschung, daß wir die für Ausländer gesperrte Südroute der Taklamakan fahren durften und von dort über den Pamir zum Khunjerab-Paß – den Weg, den einst Marco Polo und Sven Hedin mit ihren Karawanen genommen hatten.

Nach dieser guten Nachricht warteten wir gerne noch einmal zwei Wochen auf die schriftliche Ausfertigung. Dann endlich konnten wir Alois Eder und Florian Freytag grünes Licht geben. Nach dem ersten Fehlstart hatten wir es nicht mehr gewagt, zu viert loszufliegen.

In Shanghai trafen wir uns wieder und fanden die beiden Autos wohlbehalten vor der Residenz des deutschen Generalkonsuls Dr. Werner Handke. Als er hörte, daß die Hotels ausgebucht waren, lud er uns kurzerhand alle vier ein, in seiner Residenz zu wohnen, einer ruhigen Oase beim ›Gefecht‹ um die letzten Stempel und der Genehmigung zur Genehmigung.

Nun lernten wir auch Zhang Zhao-kui und Dai Zhong-hua kennen, Dolmetscher und Subkoordinator, eine Art ›Reisemarschall‹, die uns auf unserem langen Weg nach Westen begleiten sollten.

Zhang, der hervorragend Deutsch spricht, war sofort bereit, uns bei Tante General zu unterstützen. Sie weigerte sich noch immer standhaft, Führerscheine und Nummernschilder auszuhändigen. Selbst als sie die Erlaubnis aus Beijing schwarz auf weiß sah, fand sie mit spitzem Finger wieder ein paar Haare in der Suppe.

Nach stundenlangem Palaver stöhnte Zhang: »Diese Frau hat den falschen Namen – sie ist keine ›Schöne Jade‹, sie ist eine Xanthippe!«

Das Fahrrad ist ein universelles Transportmittel – hier für bunte Papierpyramiden und ein Spielpferd für eine ländliche Feier.

Scharen von Radlern bevölkern Städte wie Dörfer und beanspruchen die Straße mit schöner Selbstverständlichkeit für sich.

Fünfundfünfzig Plastikstühle auf einem Drahtesel – chinesische Straßen-Akrobatik!

Maos Versprechen, den Frauen gehöre der halbe Himmel, ist noch Zukunftsmusik.

Schnatterndes Federvieh auf dem Weg zum nächsten Markt in der Provinz Anhui.

di-Expedition
denstraße

Sehr ökonomisch fahren Bauern zu den Marktflecken: Auf einem Handkarren haben unten die Ferkel Platz – und oben das Baby!

Wir waren überrascht über so viel europäische Allgemeinbildung eines Mannes, der China nie verlassen hatte.

»Wissen Sie denn, wer Xanthippe gewesen ist?«

»Natürlich«, sagte Zhang gelassen, »sie war die Gattin von Sokrates. Meine eigene Frau ist glücklicherweise keine Xanthippe – sonst würde ich vielleicht auch einen Giftbecher trinken!« Unterwegs verblüffte er uns immer wieder mit seinen Kenntnissen, seinem Wortschatz und seiner gewählten Ausdrucksweise.

Vorläufig aber saßen wir noch bei Tante General, die uns ungerührt schmoren ließ. Sie hatte noch immer nicht genügend Empfehlungsschreiben und verlangte von Zhang mißtrauisch die schriftliche Verpflichtung, Nummernschilder und Führerscheine persönlich zurückzubringen, sobald wir China verlassen hatten.

Schließlich bekamen wir zusätzliche Schützenhilfe durch den jungen Dolmetscher Lu vom Konsulat. Mit Schwung, Diplomatie und einem wahren Redeschwall bewegte er Tante General letztlich doch, die Papiere auszustellen – was sie dann auch mit äußerstem Widerwillen tat. Auf dem Rückweg – und endlich, endlich selbst am Steuer – spielten wir die Kassette mit ›Wellingtons Sieg‹ so lautstark, daß an jeder Ampel die Fußgänger erschreckt auseinanderstoben!

Unser liebenswürdiger Gastgeber Dr. Handke gab einen Abschiedsempfang, zu dem Kollegen von Rundfunk und Fernsehen und von allen Zeitungen der 13-Millionen-Stadt kamen. Sogar die leidenden Herren von Shanghai VW erwiesen uns die Ehre und opferten eine Stunde ihrer kostbaren Zeit.

Die Chinesen haben viel für Poesie übrig und wir hörten bei diesem Empfang viele Lobesworte über die klangvollen Namen der Expeditionswagen: *Purpursonne* – Übersetzung des Namens Zhao Ziyang – als Dank für die Unterstützung des Ministerpräsidenten. Und *Silbermond* – Wahrzeichen in der Nationalflagge Pakistans.

Als unsere abenteuerliche Reise tatsächlich losging, konnten wir es kaum fassen: nach dem längsten aller Papierkriege, nach so vielen Rückschlägen und Enttäuschungen waren wir zu vorsichtig geworden, um uns richtig zu freuen. Außerdem erfordert das Fahren in Shanghai und auf chinesischen Landstraßen soviel Konzentration, daß sich der Jubel über den geglückten Start in bescheidenem Rahmen hielt.

Radfahrer sind eindeutig in der Übermacht. Sie radeln am liebsten zu viert oder fünft nebeneinander und beanspruchen die ganze Breite der Straße mit schöner Selbstverständlichkeit für sich. Sie biegen ab, ohne Zeichen zu geben, ohne auch nur zu schauen, reagieren stets anders als vermutet und überhaupt nicht auf Hupen, weil sie durch das ständige Hupkonzert der Lastwagen auf diesem Ohr taub sind. Natürlich radeln sie nicht nur in einer Fahrtrichtung, sondern kommen in gleichen Massen entgegen – und dazwischen bewegen sich Handkarren mit gewaltigen Lasten, Pferde- und Eselwagen.

Der motorisierte Verkehr schlängelt sich in der Mitte durch, und jedes Überholen ist ein risikoreiches Manöver. Viele der Kleintraktoren auf dem Land sind mit wuchtigen Steinbrocken beladen, die sie immer wieder verlieren. Ein Moment der Unachtsamkeit – und die Reise wäre zu Ende gewesen, noch ehe sie richtig begonnen hatte. Baustellen sind so gut wie nie angezeigt, bei manchen bricht die Fahrbahn ohne Warnzeichen einen halben Meter tief senkrecht ab. Nach einer einzigen Nachtfahrt waren wir restlos von solchen Experimenten geheilt.

Unser erstes Ziel Nanjing gehört noch zu der Provinz *Jiangsu*, gleich danach beginnt *Anhui*, für den Fremden durch nichts erkenntlich gemacht. Da uns in Beijing wie in Shanghai immer wieder gesagt wurde: »Geduld, Geduld – ehe Sie starten können, müssen die Gouverneure aller Provinzen verständigt werden«, erwarteten wir eine Art Grenzposten mit Schlagbäumen und Kontrolle der Papiere. Es gab aber nichts dergleichen. Ebenso sang- und klanglos wie Anhui durchquerten wir die nächsten Provinzen *Henan, Shaanxi, Gansu* und *Quinghai*:

Mit einer Ausnahme wollte niemand unser wundersames Dokument mit den sieben Siegeln sehen!

Beim Tanken und der Herbergsuche allerdings erwies es sich als ein wahres Sesam-öffne-Dich. Sobald es unser Reisemarschall Dai zückte, wurde es ausgiebig studiert, und nach mehr oder weniger langen Erläuterungen bekamen wir auch Benzin (das – abgesehen von den Großstädten – nicht frei verkäuflich ist). Keiner der Tankwarte hatte je ›Langnasen‹ in ihren eigenen Wagen gesehen, denn selbst Diplomaten und ausländische Geschäftsleute erhalten keine Fahrerlaubnis außerhalb ihres Wohnsitzes. Nur einige Ferienziele sind von dieser Einschränkung nicht betroffen.

Die Reisegenehmigung wurde sowohl von Zhang als auch von Dai gehütet wie ein Schatz. Stets trugen sie die kleinen schwarzen Mappen bei sich, in der sie aufbewahrt wurde – ich hegte den Verdacht, daß sie nachts sogar darauf schliefen! Wir bekamen sie nie in die Hand, hatten keine Ahnung, was darin stand und durften sie auch nicht photokopieren.

»Es ist ein Geheimdokument«, erklärte Zhang und sah uns traurig an, weil er gerne jeden unserer Wünsche erfüllen wollte, aber nicht durfte. Denn leider verschaffte uns das Dokument nicht nur Privilegien wie Tanken und die Erlaubnis für ›geschlossene Städte‹. Es enthielt auch eine ganze Reihe von Einschränkungen. Mit sorgenzerfurchter Stirn verkündete Zhang von Zeit zu Zeit: »Jetzt keine Bilder und Filme mehr auf 250 Kilometer. Entschuldigung – so heißt es in dem Papier.«

Der Kummer über diese Verbote stand ihm ins Gesicht geschrieben, zumal er sie selbst nicht begründen konnte. Es gab keine militärischen Anlagen, keine Armee-Camps, nichts von strategischer Wichtigkeit – abgesehen davon, daß solche Punkte aus dem All genauer observiert werden können als von uns harmlosen Menschen.

Hilmar leuchtete das Fotografierverbot am wenigsten ein. »Warum, zum Teufel, kann ich nicht die Kinder auf den Wasserbüffeln fotografieren? Und dort – eine ganze Herde, auf denen die Mädchen von der Feldarbeit heimreiten. Und der alte Bauer – das ist doch kein General! So schöne Bilder!«

Die Sorgenfalten auf Zhangs Stirn vertieften sich: »Tut mir leid, sehr leid, ich weiß es auch nicht.«

Jeder China-Reisende mit Sonderwünschen tut gut daran, die Frage nach einem Warum oder nach einem logischen Argument zu vergessen. Auch wir mußten uns daran gewöhnen. Viele der Bilder, die wir nicht mit der Kamera einfangen durften, sind mir um so deutlicher in Erinnerung – wie etwa die junge Mutter, die in einem selbstgebastelten Bambusgefährt zwei Babies vor sich herschob, strahlend vor Glück und Stolz: Sie hatte der staatlichen Order zur Ein-Kind-Familie legal ein Schnippchen geschlagen – mit Zwillingen!

Das Zauberwort »hen piao liang« (sehr hübsch) öffnet das Herz jeder Mutter. Und der Begriff »Geschwister« stirbt aus bei der jungen Generation, es gibt keine Brüder und Schwestern mehr. Einzige Ausnahme: Die nationalen Minderheiten dürfen soviel Nachwuchs haben wie sie wollen.

Menschen wie Tiere arbeiten hart in China, besonders auf dem Lande. Schon Zehn-, Zwölfjährige ziehen und tragen schwere Lasten, die kleinen Gesichter von Anstrengung gekennzeichnet. Dennoch geht es den Bauern heute ungleich besser als während der früheren Feudalherrschaft. Selbst bei Mißernten und Naturkatastrophen verhungert niemand mehr – bei einer Bevölkerung von über einer Milliarde Menschen einer der beachtlichsten Fortschritte!

Seit privat Obst und Gemüse angebaut werden darf, stieg die Produktion der ländlichen Kommunen sprunghaft an. Auch die Aufzucht von Tieren für den Eigenbedarf und den Verkauf wird gefördert, und diese kluge Politik der Regierung ließ überall in China kleine Märkte wie Pilze aus dem Boden schießen. Das Angebot ist reichhaltig, die Waren liegen am Boden auf Papier oder Blättern säuberlich ausgebreitet, und die Verkäufer warten mit freundlichem Lächeln auf

Kunden. Es gibt Kartoffeln, Auberginen, Rüben, Kohl, Salat, Getreide, Tomaten, Zwiebeln, Knoblauch – alles zu kleinen Preisen. Ein Kilo Äpfel beispielsweise kostet 30 Fen (was 30 Pfennigen entspricht).

Hunde dagegen führen in den südlichen Provinzen Chinas ein wahres Hundeleben. In keiner der großen Städte war auch nur ein einziger zu entdecken, außer im Diplomatenviertel. Auf dem Land gelten sie als Delikatesse und werden gehalten, um in der Pfanne oder im Kochtopf zu landen: Ihr »wohlriechendes Fleisch« ist doppelt so teuer wie das anderer Tiere. Nur als Hirtenhunde haben sie eine Daseinsberechtigung. (Es wäre unrecht, diesen Brauch nach europäischen Vorstellungen zu beurteilen: In einem Land, das so viele Menschen zu ernähren hat, kann niemand ›nutzlose‹ Tiere füttern. Katzen fangen wenigstens Mäuse.)

Sobald wir in einem der Dörfer eine kurze Rast einlegten, um ein Glas Tee zu trinken und uns die Beine zu vertreten, waren wir im Nu von Schaulustigen umringt, die uns anstarrten, als kämen wir geradewegs vom Mond. Kinder wischten den Staub von der Motorhaube und betrachteten entzückt den glänzenden Metallic-Lack. Die Erwachsenen wurden nicht müde, die Felgen zu bestaunen und die chinesischen Schriftzeichen zu entziffern.

In keinem anderen Land der Welt muß man sich so wenig vor Langfingern fürchten wie hier. Unbesorgt ließen wir Fenster und Türen offen, wenn wir ausstiegen. Allerdings warnte uns der achtsame Zhang: »Vorsicht, Stahldieb (er meinte Diebstahl) gibt es überall. Hier nur wenig, doch Vorsicht ist besser.«

Auf meine Frage, warum gerade in China Diebe so selten sind, wußte er auf Anhieb keine Antwort. Nach einer Denkpause meinte er: »Einmal Dieb, immer Dieb. Er verliert sein Gesicht.«

Zhang und Dai waren so emsig um unsere Sicherheit und unser Wohlergehen besorgt, daß wir bald Freunde wurden. Was immer sie tun konnten, um uns einen Gefallen zu erweisen, taten sie. Anfangs hatte Zhang Probleme, neben deutsch auch bayerisch zu verstehen. Allmählich aber entstanden zwischen ihm und Alois vergnügliche Wortgeplänkel, die sich während der ganzen Reise mit Variationen wiederholten.

Es begann damit, daß uns eines Abends ein köstliches Gericht vorgesetzt wurde, das wir nicht kannten.

»Was essen wir da?« wollte Alois wissen. »Keine Ratte, keine Schlange, sondern Gemüse. Sehr gut. Wie heißt es?«

»Lotoswurzel«, sagte Zhang und schmunzelte, »macht Männer stark wie Ginseng. Aber brauchst du nicht auf dieser Reise!«

»Waaas?« rief Alois und spielte den Enttäuschten, »brauch ich nicht? Ist nichts los in China?«

Zhang blickte ihn strafend an, zwinkerte mit einem Auge und sagte nur ein Wort: »Vergeblich.«

Doch Alois ließ nicht locker. Er pochte auf einen Bericht Marco Polos, nach dem Reisende auf der Seidenstraße ab dem einundzwanzigsten Tag spezielle Freiheiten genossen – was übrigens auch für die daheimgebliebenen Ehefrauen galt. »Eine schöne Sitte«, lobte er, »hast du nie davon gehört? Paß auf, am zweiundzwanzigsten Tag suchen wir beide uns hübsche Nebenfrauen.«

Erst als Zhang klar wurde, daß Alois Spaß machte, verschwand seine sorgenvolle Miene und er spielte mit: »Alois, in deinem Kopf sitzt eine Grille – und die zirpt!« In Deutschland hätte er wohl gesagt: »Du hast einen Vogel«, oder »bei Dir piept's« – liebevoll auf chinesisch umschrieben zirpte die Grille. Denn in China werden Grillen in kleinen Käfigen als Haustiere gehalten wie bei uns Kanarienvögel.

Von diesem Tag an war »die Grille« ein geflügeltes Wort, und Zhang versprach, nach der Reise einen Grillenkäfig nach Deutschland zu schicken, »falls die Grille bis dahin des Zirpens nicht müde geworden ist...!« Selbst die Genitiv-Konstruktion beherrschte Zhang vollkommen!

4
In Xian begann die Seidenstraße

Am fünften Tag erreichten wir *Xian*, das als Hauptstadt des alten China Chang'an hieß und als einer der reichsten, kultiviertesten Orte zwischen Ost und West galt. Sein Herrscher war der erste in einer langen Reihe von »Himmelssöhnen«, Shi Huang-Di, einer der Großen der Weltgeschichte. Ihm gelang es 221 v. Chr., die vielen Kleinstaaten um den Gelben Fluß und den Yangtsekiang zu einem Imperium zu einen. Damit beendete er die unglückliche »Zeit der streitenden Reiche«. Er führte viele Reformen durch, begrenzte die Macht des Adels, vereinheitlichte Gewichte, Münzen und Schrift. Und er vollendete den Bau der Großen Mauer.

Noch zu seinen Lebzeiten ließ er eine riesige Terrakotta-Armee schaffen, die ihn nach seinem Tod schützen sollte: Streitwagen und Pferde, bewaffnete Krieger mit Pfeilen und Speeren aus Bronze. Er konnte nicht ahnen, wie rasch sein Reich unter einem schwachen Nachfolger zerfallen würde. Plünderer machten sich über die Grabanlage her, Feuer brach aus und zerstörte die unterirdischen Holzhallen. Bald war die Ewige Wache des Kaisers Shi Huang-Di vergessen und vom Sand verweht.

Erst in jüngster Zeit – Anfang der siebziger Jahre – stießen Bauern beim Brunnenbohren auf lebensgroße Tonfiguren. Fachleute untersuchten sie – und die Sensation war perfekt, eine einzigartige Fundgrube für Archäologen und Kunsthistoriker! Inzwischen sind über tausend Krieger ausgegraben und restauriert, weitere fünf- bis sechstausend werden noch unter der Erde vermutet. Jede Figur ist individuell gestaltet, als hätten die Soldaten und Offiziere jener Zeit Modell gestanden.

Heute ist die Terrakotta-Armee des ersten chinesischen Kaisers in einer überdachten Halle zu besichtigen, nach zweitausendjährigem Dornröschenschlaf eine der interessantesten Touristen-Attraktionen des Landes. Noch hält sich der Rummel in Grenzen, doch der Tag ist abzusehen, an dem die ersten Fast-food-Buden ›Marco-Polo-Burgers‹ an den Mann bringen. Hotelpreise in Xian haben in der oberen Etage bereits die Hundert-Dollar-Grenze überklettert.

In den Zeiten der Tang-Dynastie war Chang'an eine gastfreundliche Millionenstadt. Artisten und Künstler, Musikanten und Tänzer zogen aus den »Westlanden« an den lebensfrohen Kaiserhof. Damals haben mehr Ausländer hier gelebt als jetzt. Sie alle durften ihre Sitten und Gebräuche mitbringen, auch ihre Religionen. Toleranz wurde groß geschrieben – Christen, Juden, Mohammedaner und Buddhisten übten sich in friedlicher Ko-Existenz.

Hier begann die Seidenstraße.

Die Handelskarawanen überquerten den Gelben Fluß und begaben sich auf ihren langen strapaziösen Weg. Viele erreichten ihr Ziel nie – Hitze und Kälte, Hunger und Durst, Krankheiten und Erschöpfung forderten hohe Opfer. Es heißt, die einzige Orientierung am Rand der Wüste seien die Gebeine der Toten – von Menschen wie Tieren – gewesen. Dennoch lohnten sich die Gefahren und Risiken – für die Überlebenden.

Ab Xian fuhren wir auf historischem Boden weiter. Die dichtbesiedelten Regionen lagen hinter uns, der starke Lastwagenverkehr ließ nach, und die Luftfeuchtigkeit machte einer angenehm trockenen Hitze Platz. Im frühen Morgenlicht schimmerten die Terrassenfelder in allen Schattierungen, von den zarten Farben junger Reispflanzen bis zu sattem, dunklem Schilfgrün. Sie erinnern an Bali oder an die berühmten Reisterrassen von Banaue auf den Philippinen, die in ebenso mühseliger Handarbeit von Generationen geschaffen wurden. Dann beginnt sich die Landschaft zu verwandeln, wird karstig und kahl, und noch so viel Mühe der Menschen kann der Erde keinen weiteren Ertrag mehr abgewinnen.

Die Scheu vor den fremden Langnasen steht Mutter und Kind ins Gesicht geschrieben.

Generationen fleißiger Bauern haben die terrassenförmig angelegten Felder im Osten Chinas geschaffen.

Feierabend auf der Straße: Hier haben Menschen noch Zeit füreinander, für Gespräche, ein gemütliches Pfeifchen und ein Spiel Ma-jong.

Große Heiterkeit, als sich herausstellt, daß Hilmar und der kleine Chinese mit der Waage beide 75 Jahre jung sind!

Auf einem Marktplatz ließen wir uns messen und wiegen. Alois Eder übertraf alle – die Meßlatte reichte kaum aus.

In vielen Dörfern haben die Menschen noch nie »fremde Teufel« aus dem Westen gesehen.

Im Nu waren wir von einer neugierigen Menge umringt.

Bauer aus Pingliang auf dem Heimweg von der Feldarbeit.

In den Tälern verstreut liegen Dörfer der Hui, einer der vielen nationalen Minderheiten. Ihr islamischer Glaube hindert sie nicht daran, schwarze Schweine zu züchten, für jeden wahren Moslem ein unfaßbares Greuel! Die Hui aber scheinen dies nicht so eng zu sehen. Sie handeln auf den Märkten mit dem Borstenvieh, essen unverzagt Schweinefleisch und sind auch einem guten Schluck Bier nicht abgeneigt. Die Frauen zeigen offen ihre Gesichter, nur wenige tragen Kopftücher als Pendant zu den typischen weißen Käppis der Männer – Allah ist groß, Mohammed sein Prophet, Mekka ist weit, und in China ist auch auf diesem Gebiet alles anders!

Den ersten Tag auf der Seidenstraße hatten wir uns romantischer vorgestellt; eine ähnliche Erfahrung mußten wir in Xian und in den übrigen Städten machen, durch die wir bisher gekommen waren. Schöne Gebäude aus früheren Zeiten haben Seltenheitswert, vieles, das Generationen überdauert hatte, war bei der Kulturrevolution vernichtet worden; anderes wurde in geduldiger Arbeit, doch mit wenig Sachkenntnis restauriert.

Aber was hatten wir erwartet?

Das alte China gibt es nicht mehr, nur einen Abglanz davon. Wir fuhren durch die Volksrepublik China, in deren Hotels Beton, Neon und Plastik offenbar gleichbedeutend sind mit Fortschritt und Anschluß an den internationalen Standard. So betrüblich das ist, so rührend sind die Bemühungen des wenig geschulten Personals, den Gästen gefällig zu sein. Ich dachte mit Sehnsucht an die beiden Dachzelte, die wir bisher nur ein einziges Mal aufgeschlagen hatten: zur Probe im Garten des Shanghaier Generalkonsulats.

Unsere chinesischen Begleiter Zhang und Dai setzten ihren Ehrgeiz daran, an jedem Tagesziel auch einen bequemen Übernachtungsplatz aufzutreiben. Dabei war klar abgegrenzt, wer welchen Bereich übernahm. Zhang übersetzte, war Reiseführer und zuständig für Sonderwünsche – ein Vierzehn-Stunden-Job, denn einer von uns vieren wollte immer etwas von ihm; Dai, der nur wenige Worte englisch sprach, erkundete den Weg, suchte die versteckten Zapfstellen für Benzin und die Nachtquartiere.

Dai war schmal, fast dünn und sah neben so kräftigen Mannsbildern wie Alois und Florian aus wie ein Oberschüler. Das glatte Gesicht mit den flinken Augen ließ sein Alter schwer schätzen, seine vierzig Jahre mochte ihm niemand recht glauben. Seinen Auftrag nahm er ernst: Uns ungeachtet aller bürokratischen oder technischen Schwierigkeiten innerhalb von vier Wochen quer durch China heil an die pakistanische Grenze zu bringen.

Zhangs Eifer, die gleiche Aufgabe zu bewältigen, war nicht minder groß. Immer wieder bewunderten wir seinen deutschen Wortschatz und den Fleiß, mit dem er selbst während der Fahrt weiterbüffelte.

Beide schienen sich einig zu sein, daß Dachzelte kein standesgemäßer Schlafplatz für Besucher aus dem fernen Europa waren. Wir hingegen machten uns einige Hoffnung auf ein zünftiges Zeltlager, als wir in *Pingliang* ankamen, einer ›geschlossenen‹ Kleinstadt, unzugänglich für Touristen.

»Hier gibt es kein Hotel, nicht wahr?«

Zhang legte seine vorwiegend bekümmerte Miene ab. »Nein«, sagte er in gewählten Worten, »dennoch ist es uns gelungen, mittels Telegramm ein gutes Quartier zu besorgen: im Gästehaus für hohe Beamte.«

Ich resignierte bei so viel Fürsorge und begriff allmählich, daß unser Nomadenleben auf der Seidenstraße frühestens am Rand der Taklamakan und spätestens nach dem Khunjerab-Paß beginnen würde.

Als Ältester wurde Hilmar zum »höchsten Beamten« berufen, eine Würde, durch die uns ein breiteres Bett und dickere Matratzen zustanden als den anderen. Und da das Titel-Verleihen Spaß machte, ernannten wir Hilmar zusätzlich zum »Soja-Kaiser«, weil er bei jeder Mahlzeit unweigerlich nach Soja-Sauce verlangte. Alois wurde zum »Soja-Prinzen« und »Intendanten der Motoren«, Florian zum »Vater des Bartes« und ich zur »Hüterin der Schreibmaschine«.

Die Chinesen entwickeln beachtliches Talent im Erfinden blumiger Namen, selbst bei Schimpfnamen: Pingliang heißt »kühles Flachland«. In Beijing gibt es eine »Halle der höchsten Harmonie«, einen »Palast der himmlischen Reinheit« und einen »Palast der irdischen Ruhe«. Einmal speisten wir im »Haus der wohlangesehenen Gäste«, ein anderes Mal im »Pavillon des Pirolgesangs«.

Ein sanfter Schimpfname ist »halbes Ei«, eine weniger freundliche Titulierung »übelriechende Nummer Neun« – so wurden Intellektuelle während der Kulturrevolution bezeichnet.

Das Gästehaus des »kühlen Flachlandes« war ein hübscher Platz abseits der Straße. Die flachen Gebäude wurden durch Blütenbeete verschönt, in denen Sonnenblumen zwei Meter hoch wuchsen und über unseren Köpfen im Wind nickten. Die Männer bestellten zehn Flaschen kaltes Bier und ein paar nette Mädchen zur Unterhaltung nach Tisch. Zhang stellte sich zuerst taub, dann schmunzelte er, sagte »vergeblich« und bedauerte, daß es in Pingliang keine Grillenkäfige gab!

»Vergeblich« bezog sich aber nur auf die Mädchen, Bier gab es reichlich, und es war sogar schön kalt. Das Abendessen bestand aus sieben verschiedenen Gerichten, eines vorzüglicher als das andere, besonders gebratene Schlange. Ungewohnt, doch nicht uninteressant, waren Tomaten mit Zucker und knackig gekochte grüne Bohnen in Mandarinen-Sirup. Von den Spezialitäten »Samtblumen-Suppe« und »Schneeblumen-Hühnerfleisch« erbat ich vom Koch die Rezepte. Die reichliche Schlemmerei kostete für sechs Personen ganze 30 Yuan (= 30 D-Mark), nicht eingerechnet das Bier, die große Flasche zu 1,30 Yuan.

Schließlich fanden wir übereinstimmend, daß wir hier besser aufgehoben waren als in den staubigen Dachzelten und tauften das Gästehaus »Herberge zur siebten Glückseligkeit«: Der Koch hatte sieben Gerichte für uns gezaubert und Hilmar wohnte mit mir im Zimmer Nummer sieben. Im Bad lag neben einem Stückchen Seife sogar ein Kamm, der mit langer Schnur an einen Knopf gebunden war. Sicherlich nicht wegen »Stahldieb«, sondern wegen der Vergeßlichkeit von manchen hohen Beamten!

Am nächsten Tag erreichten wir *Lanzhou*, Hauptstadt der Provinz Gansu. Nach den spärlichen Angaben in Reiseführern erwarteten wir eine Stadt, deren Industrieanlagen in die Außenbezirke verbannt wurden und die in ihrem Kern den malerischen Charme früherer Epochen bewahrt hat.

Wir suchten emsig und fanden nicht viel Altes. Dafür war kaum eine Straße ohne Bauplätze, Kräne und Bagger. Die schnell hochgezogenen Betonkästen waren ebenso häßlich wie in den meisten Städten, die wir gesehen hatten.

Bei der Fahrt von Pingliang nach Lanzhou fiel uns auf, wie sorgfältig Abfall gesammelt und weiterverwertet wird – leere Dosen, Altpapier, Flaschen, trockene Blätter, einfach alles: China ist zu arm an Devisen und zu reich an Menschen, um eine Wegwerfgesellschaft zu sein. Das Umweltbewußtsein, das sich in Europa langsam durchsetzt, ist den Chinesen eine Selbstverständlichkeit. Für Industrieanlagen und Kohlebergwerke allerdings gilt das nicht. Was aus den Fabrikschloten an Abgasen schwarz und gelbgiftig in den Himmel steigt, sieht bedrohlich aus. Kommentar aus Lanzhou zu diesem Thema: »In einem so großen Land verteilt sich das ...«

Die Sonne ist im Smog nur eine blasse Scheibe, und es riecht widerwärtig nach Chemie. Wir möchten lieber heute als morgen weiter, aber das ist nicht so einfach.

Unsere Reiseerlaubnis aus Beijing besagt, daß wir ab Lanzhou nicht mehr fahren dürfen, sondern die Wagen bis Jiayuguan auf die Bahn verladen müssen, etwa 700 Kilometer weit.

Warum?

Zhang und Dai zucken verlegen die Schultern.

Hatten wir's denn noch immer nicht gelernt? Erklärungen wegen eines Vetos? Wozu? Zhang strafft die Schultern und entschuldigt sich wieder einmal artig. »So steht es in dem Dokument.« Zwei, drei Tage wird es wohl dauern, bis die Wagen verladen werden, meint er.

Wir beschließen, aus der Not eine Tugend zu machen. Schließlich hat Lanzhou mehr zu bieten als den ersten Eindruck einer schmutzigen Industriestadt. Während sich Dai pflichtgetreu mit der Eisenbahndirektion in Verbindung setzt, notiert Zhang unsere Wünsche:

1. Besuch der berühmten Binglingsi-Buddha-Höhlen, die nur mit dem Boot erreichbar sind.
2. Besuch des Museums, um die Schönste der antiken Bronzen Chinas im Original zu sehen, das »fliegende Pferd von Gansu«, ein Meisterstück handwerklicher Perfektion. Nur ein Huf des galoppierenden Pferdes berührt flüchtig eine Schwalbe, ein Symbol dafür, daß es schneller durch die Lüfte fliegen kann als der schnellste Vogel.
3. Das Abendprogramm des brillianten Tanz-Ensembles der Provinz Gansu.

Für ein paar Stunden kommen wir uns vor wie Touristen.

Dann kehren Zhang und Dai mit hängenden Köpfen zurück von ihren Erkundungen. »Der Gelbe Fluß führt leider zu wenig Wasser, um Boot zu fahren. Keine Besichtigung der Buddha-Höhlen ist möglich«, sagt Zhang mit schmerzlicher Miene. »Museum ist geschlossen, weil Ausstellung vorbereitet wird. Vielleicht mit Sondergenehmigung, aber schwierig. Und Tanzgruppe macht gerade Ferien. Tut mir sehr leid.«

Dai bringt zwei Papiere mit beachtlich vielen Stempeln, scheint jedoch auch nicht glücklicher.

Die frisch gestempelten Papiere besagen, daß auch von den örtlichen Behörden einer Verladung der ›quattros‹ grundsätzlich nichts im Wege steht. Früher hätten wir ob einer solchen Nachricht frohlockt – jetzt fragen wir wie aus einem Mund: »Wann??«

Betretenes Schweigen und eine klassisch-nichtssagende Antwort, würdig eines Politikers: »Es gehen jeden Tag vier Züge.«

Das klang gut, war aber bedeutungslos in Anbetracht der Tatsache, daß erst in drei Wochen Platz für einen Waggon mit Ladepalette sein sollte. Und eine Entlademöglichkeit für die Wagen war in Jiayuguan nicht vorhanden, erst 300 Kilometer weiter nördlich gab es eine Rampe ...

Was tun? Nach Beijing fliegen und beim Eisenbahnministerium Krach schlagen? Einen einzigen Waggon an einen der vielen Güterzüge anzuhängen, konnte doch nicht so schwer sein!

»Nothing ist impossible!« Mit meinem bewährten Wahlspruch erntete ich nur mitleidige Blicke. Es stimmt: nichts war unmöglich – es war lediglich eine Frage der Zeit! Die nächste Idee schlug Zhang nur zögernd vor. »Sollten wir die Autos vielleicht auf einen Lastwagen verladen?«

Wir wehrten erschreckt ab, und Alois war geradezu empört über diese Zumutung. »Hast du die Unfälle gezählt auf dem Weg hierher? Wieviele Laster im Graben lagen oder umgekippt waren? Und warum? Weil sie nichts taugen! Sowas würde bei uns die Polizei verbieten!«

Fast einen Tag überlegten wir zu siebt, erwogen Möglichkeiten und verwarfen sie wieder. Zuletzt blieb nur eine Lösung, die uns zwar nicht schmeckte, doch immer noch besser war als die übrigen: Beide Wagen sollten von Dai und einem zweiten Chinesen nach Jiayuguan überführt werden, während wir dieselbe Strecke mit dem Zug fuhren. Bahngeleise und Straße laufen parallel.

Heiliger Bürokratius: deine Wiege stand in China, nicht im Abendland!

Mir kamen ketzerische Gedanken, die auch nichts nutzten. Wir wußten, daß drei Monate vor uns ein italienisches Team mit vier Wagen über Nepal eingereist war, dem ebenfalls chinesische Fahrer aufgezwungen wurden. Fazit: ein folgenschwerer Unfall mit einem schrottreifen Wagen. Doch mit zusammengebissenen Zähnen fügten wir uns. Und lächelten. Werner Finck hat eine solche Situation trefflich in Worte gefaßt: »Lächeln ist die beste Art, seinem Gegner die Zähne zu zeigen.«

5
Jiayuguan – Ende der Großen Mauer

Uns war schwer ums Herz, als *Purpursonne* und *Silbermond* aus Lanzhou abfuhren. Die Phantasie spielte uns Streiche, immer wieder dachten wir an die vielen verunglückten Wagen auf der Strecke hierher und an das ›Unverhältnis‹ vieler chinesischer Fahrer zur Technik.

Alois drohte Dai die schlimmsten Dinge an, falls er die beiden Audi nicht heil nach Jiayuguan bringen würde: Er machte die unmißverständliche Geste des Halsumdrehens – bei der Größe seiner Hände wahrhaft furchterregend! Noch schwerer wogen diese Hände auf den Schultern des armen Dai. Sie sollten demonstrativ zeigen, daß die Last der Verantwortung nun auf seinen Schultern ruhte.

Er ging fast in die Knie. Die Vorstellung, für etwas verantwortlich zu sein, ist für Chinesen ein Alptraum – das hatten wir während des Hindernislaufes in Shanghai täglich erfahren.

Zhang blieb uns erhalten. Er besorgte Karten für die Bahnfahrt und begleitete uns bei einem letzten Stadtbummel. An einem belebten Platz trafen wir einen kleinen alten Mann mit einem lustigen Gesicht voller Lachfalten. Er trug das weiße Käppchen der Hui und stand neben einer Waage samt Meßstange. Damit verdiente er – wie viele Rentner – ein Zubrot. Wer kauft sich schon eine eigene teure Waage, wenn er für ein paar Fen an der nächsten Straßenecke erfahren kann, wie leicht oder wie schwer er ist!

Wir stellten uns in der Schlange der Wartenden an. »Mal sehen, was wir bei der guten Küche Chinas schon zugenommen haben. Und was noch übrig bleibt, wenn die Wüste hinter uns liegt!« flachste Hilmar.

Der kleine Mann bekam vor Freude große runde Augen, als er die seltenen Kunden sah. Bei Alois und Florian reichte die Meßlatte kaum aus, und der Zeiger der Waage kam bedenklich ins Zittern. Als wir bezahlen wollten, schüttelte er entschieden den Kopf. »Es war ihm eine Ehre«, übersetzte Zhang, »er hat noch nie so hohe Kunden gehabt!«

Während wir noch überlegten, wie wir ihm doch etwas zustecken konnten, verschwand er wieselflink in einem Laden und kam mit zwei Tüten Bonbons zurück, die er uns überreichte.

»Dürft Ihr nicht ablehnen«, sagte Zhang, »müßt Ihr nehmen, sonst Beleidigung! Er will nicht, daß Ihr in der Wüste hungert!« Da waren wir natürlich entwaffnet.

Als wir uns schon zum Gehen wandten, zupfte er Hilmar am Arm und fragte etwas. »Er möchte wissen, wie alt du bist.«

»Beinahe 75«, sagte Hilmar. »Da staunst du, was?«

Doch der kleine Hui staunte nicht, er strahlte, umarmte Hilmar und redete auf ihn ein. »Er ist auch 75«, erklärte Zhang, »und er sagt, deshalb bist du sein großer Langnasenbruder!«

Diese Szene war so herzerfrischend, daß ich unwillkürlich nach der Leica griff und auf den Auslöser drückte. Es wurde eines der schönsten und lebendigsten Erinnerungsbilder der Reise!

Unser Zug fuhr auf die Minute pünktlich ab. Wir hatten ein nobles Abteil für uns allein, »soft sleeper« genannt. Das bedeutete, daß die weiß bezogenen Sitze abends in bequeme Liegebetten verwandelt werden können.

Schon bald nach Lanzhou beginnt die Wüste Gobi. Dörfer, Wasserkanäle und kleine Felder werden seltener, die Lehmhütten wirken armselig. Dann gibt es nur noch Sand und Steine, unterbrochen von Wadis, krustig-weißen Salzwannen. Im Hintergrund zeichnet sich das über 4000 Meter hohe Shi-Lin-Gebirge ab, die

Das restaurierte Ende der Großen Mauer bei Jiayuguan.

Ein Polaroid-Bild weckt die weibliche Neugierde:

Sie nehmen die Masken ab und zeigen, wie hübsch sie sind!

Vermummte Hui-Mädchen bieten Melonen am Straßenrand feil.

Im Wüstensand konnten die Expeditionswagen zeigen, was der permanente Vierrad-Antrieb leistet.
Und daß auch Pkws solche Strecken bewältigen können.

Ein Flug mit dem Hubschrauber über den Anfang der Großen Mauer – das ist seit 1985 auch für Touristen von Beijing aus möglich.

Bei der Festung Jiayuguan endete für die chinesische Welt lange Zeit die Zivilisation. Sie war ein mächtiges Fort gegen Turkvölker, Mongolen und westliche Barbaren wie wir.

Bei groß und klein noch immer beliebt: Der gute alte Abakus läßt sich nicht so leicht von modernen Taschenrechnern verdrängen.

nördlichste Kette des Kunlun, das früher nach dem großen deutschen Geographen Richthofen-Gebirge genannt wurde.

Dieser Teil der Gobi ist landschaftlich nicht sehr reizvoll. So gesehen war es kein Verlust, daß wir die Strecke nicht selbst fahren durften. Nur fürchteten wir die ganze Zeit, es könne etwas mit den Wagen passiert sein und spähten argwöhnisch aus dem Fenster, solange es hell war.

Damit wir auf andere Gedanken kamen, zückte ich das Buch *Il Milione*, in dem Marco Polo seine Abenteuer schildert und das Leben am Hofe des Großkhans. Die abendliche Lesestunde fand außerordentlichen Anklang bei den Herren der Schöpfung, besonders das Kapitel, das ich ausgesucht hatte:

»Der mächtigste Herr aller Herren, Kublai Khan mit Namen, ist eine edle Gestalt. Vier Gemahlinnen hat er, jede im Rang einer Kaiserin, jede mit eigenem Gefolge. Zehntausend Personen zählt der Hof einer Khansgattin.

Der Khan hat aber neben ihnen noch viele Geliebte. Hört Euch an, wie er sie behandelt. Allgemein ist bekannt, daß es einen Tatarenstamm gibt, Ungrac genannt, der als sehr schöner Menschenschlag gilt. Jedes Jahr werden die hundert schönsten Töchter ausgewählt und zum Großkhan gebracht. Er gibt sie Hofdamen in Obhut, die überprüfen, ob sie einen angenehmen Atem haben, ob sie noch unberührt und körperlich gesund sind. Dann kommen die blühend schönen Jungfrauen in den persönlichen Dienst des Khans. Drei Tage und drei Nächte bedienen sechs Jungfrauen den hohen Herrn; im Schlafgemach, im Wohnraum, für alles, was er nur wünschen mag, stehen sie zur Verfügung. Nach drei Tagen und drei Nächten kommen die nächsten sechs Mädchen. Und so geht es das ganze Jahr hindurch.«

Obwohl ich nur Auszüge gelesen hatte, war der Beifall beachtlich. »Das waren noch Zeiten – «, meinte Alois, »zum neidisch werden!« – »Großkhan müßte man gewesen sein – !«, sinnierte Hilmar und Florian zwirbelte seinen Schnurrbart bei dieser herrlichen Vorstellung. Selbst Zhang vergaß für ein paar Minuten alle Sorgen und lächelte in Gedanken an seine Ahnen: »Nichts vergeblich damals! Und kein Käfig für Grillen – sie konnten zirpen bei Tag und Nacht!«

Es wurde dunkel, wir bestellten als Schlaftrunk das gute Tsingtao-Bier, das in dem ehemaligen deutschen ›Schutzgebiet Kiautschou‹ gebraut wird, und ich wünschte ›meinen‹ Männern besonders angenehme Träume – am Hofe des Großkhans!

Als wir wieder aufwachten, dämmerte es bereits. Der Zug kam in *Jiayuguan* ebenso pünktlich an wie er in Lanzhou abgefahren war. Und – oh Wunder – am Bahnsteig stand stolz wie ein Pfau Dai und sein Kollege. Sie hatten ihren Ehrgeiz daran gesetzt, vor uns dazusein und am Bahnsteig zu warten. Ich glaube, die Zentnerlast fiel uns allen gleichzeitig vom Herzen, und Alois verzichtete großmütig darauf, Dai noch einmal auf die Schulter zu schlagen, auch wenn es jetzt Anerkennung gewesen wäre.

Jiayuguan war das Sutschou der alten Zeit. Bis hierher war der Jesuit Bento de Goes im 17. Jahrhundert gekommen. Und hier endete seine Suche nach dem sagenhaften Land Cathay und den verschollenen Christen auf tragische Weise.

In Jiayuguan endete auch die mehr als 6000 Kilometer lange Große Mauer, »die kriegerischste Barrikade der Welt«, wie es auf einer Tafel heißt. Mit ihren Steinen könnte man eine zwei Meter hohe Mauer um den Äquator bauen. Es soll das einzige Bauwerk der Erde sein, das man auch vom Mond erkennen kann – was Astronauten bisher nicht bestätigten.

Im Trommelturm sind die Worte eingemeißelt: »Der Klang, den Chinesen wie Barbaren hören«. Barbaren – das waren Leute wie wir, Fremdlinge aus dem Westen, Turkvölker und Mongolen aus den nördlichen Steppen. Sobald die einsamen Späher auf den Wachtürmen Eindringlinge entdeckten, meldeten sie mit Feuer- und Rauchzeichen die drohende Gefahr. Diese Wachtürme standen auf der ganzen Strecke in Sichtweite und hielten ständig Kontakt zueinander.

Mit dem Bau einzelner Schutzwälle wurde schon in der ›Zeit der streitenden Reiche‹ (475–221 v. Chr.) begonnen. Kaiser Shi Huang Di, dessen Terrakotta-Armee wir in Xian gesehen hatten, ließ die einzelnen Abschnitte miteinander verbinden, ein gigantisches Werk von mehr als 6000 Kilometern Länge, bei dem über 300000 Zwangsarbeiter eingesetzt waren und zahllose ihr Leben verloren.

In abgelegenen Provinzen ist der Wall heute eingestürzt und zerfallen. Nicht nur der Zahn der Zeit hat daran genagt. Die Volksbefreiungsarmee hat aus Teilen der Großen Mauer ganze Kasernen gebaut! Kürzlich wurde als ›Wiedergutmachung‹ beschlossen, diese Kasernen wieder abzutragen und die alten Bausteine an ihren ursprünglichen Platz zurückzubringen. Auch die Bauern, die in der Nähe wohnen, sind nicht unschuldig. Sie schätzen die festen gebrannten Lehmziegel mit dem sonnengetrockneten Kern als Baumaterial für ihre eigenen Häuser. Nicht nur hier übrigens, sondern ebenso bei den antiken, versunkenen Städten der Taklamakan. Und der zum Bauen ungeeignete Schutt ist zerkleinert ein begehrter Dünger für die Felder.

Ein Teil des mächtigen Forts blieb in Jiayuguan erhalten und ist restauriert. Touristische Unsitten sind bereits bis hierher vorgedrungen: In der Pappkulisse eines Reiter-Generals aus der Han-Dynastie können sich Besucher ablichten lassen, der geschäftstüchtige Photograph kassiert 4,50 Yuan für ein Polaroid-Bild.

Zhang weiß eine Geschichte von dem kühnen Reiter mit Namen Ho Qubing zu erzählen: »Der General kämpfte gegen seine Feinde und gewann die Schlacht. Da war er froh und wollte feiern, aber es gab nicht genügend Wein für seine vielen Soldaten. Und was tat er? Er schüttete den Wein, den er hatte, in eine Quelle und die ganze Armee trank daraus! Seither heißt der Ort Jiaquan, das bedeutet ›Weinquelle‹.«

Lange Zeit endete für die chinesische Welt die Zivilisation bei der Festung Jiayuguan. Hier rasteten Karawanen, ehe sie weiterzogen in die gefährlichen Gegenden Zentralasiens. Hier verließen Sträflinge, die »in die Wüste geschickt wurden«, den heimatlichen Boden, um in der Verbannung zu sterben. Für sie gab es kein Zurück. Hier war nach altchinesischem Glauben die Grenze zwischen dem Land der Menschen und dem Reich der Geister. Ein Sprichwort besagte: »Wenn du dieses Tor hinter dir läßt, werden deine Augen nie mehr trocken.«

Auch Chinas erster Botschafter in den »Westlanden« Zhang Qian kam nach Jiaquguan und schritt durch dieses Tor (siehe S. 8). Das war noch vor unserer Zeitrechnung, doch der Ruhm seiner Kundfahrten ist bis heute nicht verblaßt. Er gilt als Urvater der Seidenstraße.

Die Erde am Ende der Großen Mauer atmet Geschichte.

Auch hier grenzt die gewaltige Gebirgskette des Kunlun den Horizont ab, höher noch als in der Gegend um Lanzhou. Das rotgoldene Licht der Morgensonne glänzt auf ihren verschneiten Gipfeln, als wir uns wieder auf den Weg machen. Die Straße ist gut, wir kommen rasch vorwärts.

Weite Sandstrecken wechseln über zu steiniger Wüste, in der nichts wächst als niedriger Kameldorn. Kein Lebewesen ist zu sehen, außer wenigen Vögeln, die paarweise über die Straße huschen, verschreckt vom ungewohnten Motorengeräusch. Sven Hedin fuhr 1934 die gleiche Strecke und schrieb dazu in seinem Buch *Die Seidenstraße*: »Man hat Jiayuguan kaum hinter sich gelassen, da ist man schon wieder in der unfruchtbaren Wüste. Das Land ist jedoch nicht gänzlich ohne Leben. Hier eilt eine Herde Antilopen schnell wie der Wind, und auf einem Seitenweg zieht eine Kamelkarawane.«

Von Antilopen sehen wir keine Spur und auch Kamele sind nicht mehr häufig. Klapprige Lastwagen haben ihre Rolle übernommen. Dennoch sind diese Tiere unentbehrlich: Ihr Fleisch, ihre Milch und ihre Wolle zählen zu den Lebensgrundlagen der Oasenbewohner.

Immer wenn wir an einer ausgedienten Karawanserei vorbeikommen, neckt mich Hilmar, weil ich mich kaum von ihrem Anblick losreißen kann und sie mit sehnsüchtigen Augen betrachte. Seit wir vor Jahren gemeinsam durch Afghanistan gefahren sind, weiß er, daß ich solche Plätze liebe und jedem Hotel vorziehe, auch einer »Herberge zur siebten Glückseligkeit«.

Doch vorläufig sind das Träumereien. Wir dürfen die Gemäuer, die vielleicht auch Überreste alter Klöster oder verlassene Oasen sind, nicht einmal photographieren. »Leider verboten bis Yumen«, erläuterte Zhang mit schmerzlichem Gesichtsausdruck.

Bis Yumen sind es etwas über hundert Kilometer. In der Mitte des Ortes bieten Bauern prächtige Melonen in Hülle und Fülle an. Dieser Versuchung können Zhang und Dai nicht widerstehen. Sie werden von einem wahren Kaufrausch erfaßt, weil ich bei der Lesestunde im Zug leichtsinnigerweise auch andere Stellen aus Marco Polos abenteuerlichem Bericht zitiert hatte: »In dieser Wüste gibt es nichts Eßbares. Der Reisende muß für vierzig Tage Proviant mitnehmen.«

Kaum haben wir Yumen verlassen, versorgt mit einem ungeheuren Vorrat an Melonen, taucht hinter uns im Staub ein Geländewagen auf und holt uns auch ein, als wir am Wegrand, ›für alle Fälle‹, noch einige der verlockenden Früchte erstehen. Florian witzelt: »Das ist das chinesische Fernsehen. Die haben uns bis hierher verfolgt, weil jetzt das Photographierverbot zu Ende ist. Die brauchen noch was für die Abendschau!«

Und er sollte recht behalten. Tatsächlich war es ein TV-Team aus Jiayuguan, das uns nachgefahren war, um auf freier Strecke einen Streifen über die *Audi-Expedition Seidenstraße* zu drehen. So kauften wir für die Kamera ein drittes Mal Melonen, und Florian filmte seine chinesischen Kollegen.

Hilmar brachte die Melonen-Verkäuferinnen mit Sofort-Bildern sogar dazu, ihre Vermummung vom Gesicht und die bunten Tücher vom Kopf zu nehmen. Sie entpuppten sich als bildhübsche Hui-Mädchen mit hüftlangen schwarzen Zöpfen. Die Gesichter hatten sie nicht etwa wegen ihres islamischen Glaubens verhüllt, sondern weil ihr Standplatz so staubig war.

Der Regisseur beglückwünschte uns zu der Fahrt über die seit Jahrzehnten gesperrte Südroute und fragte, wer im fernen Beijing die Erlaubnis erteilt hätte?

Da wir es selbst nicht genau wußten und Zhang das Dokument hütete wie den Schatz der Nibelungen, sagte ich mit einem frommen Blick zum Himmel: »Das war der liebe Gott – oder ein Nachfahre der Himmelssöhne!«

Der englischsprechende Regisseur übersetzte meine Vermutung zur allgemeinen Heiterkeit und meinte zum Abschied: »You might be right – da könnten Sie recht haben!«

6
In den Höhlen der tausend Buddhas

450 Kilometer bis *Dunhuang* – dann sind wir an dem Punkt angelangt, an dem sich die Seidenstraße zum ersten Mal verzweigt: Die nördliche Route führt über Hami – Turfan – Korla – Aksu. Eine Teilstrecke davon ist Sven Hedin bei seiner letzten großen Expedition gefahren. Die südliche Strecke war Marco Polos Weg (und ebenfalls der Sven Hedins bei früheren Unternehmen): Ruoquiang – Qiemo – Minfeng – Khotan – Yecheng – Yarkant – Kashgar.

Beide Wege waren voller Risiken. Ehe die Karawanen von Dunhuang die weite, gefahrvolle Reise um die Wüste Taklamakan antraten, erbaten sie Schutz und Beistand der Götter, denn der Name Taklamakan bedeutet nichts Gutes: in Übersetzung heißt er »Wer da hineingeht, kommt nicht wieder heraus«.

Oder sie dankten mit Opfergaben, wenn sie mit ihren Tieren und Waren aus dem Westen gesund zurückkehrten. So entstanden während vieler Generationen die Mogao-Grotten, die »Höhlen der tausend Buddhas« mit ihren einzigartigen Wandmalereien, Fresken und Statuen. Diese Höhlenkloster-Anlage zählt zu den bedeutendsten Religions- und Kulturdenkmälern Chinas, die Sinologen aus aller Welt fasziniert.

Bis zu Beginn des 20. Jahrhunderts war Dunhuang weitgehend in Vergessenheit geraten. Der Wüstensand lag meterhoch vor den Grotten, die wie Waben in die Hänge gemeißelt sind. Ein einfacher Bettelmönch namens Wang wußte aus Überlieferungen von den wundersamen Höhlen und begann 1899 die Eingänge freizuschaufeln. Er war getrieben von der Vorstellung, den Buddhafiguren und Schreinen ihren ursprünglichen Glanz wiederzugeben. Bei seinen Arbeiten entdeckte er eine zugemauerte Geheimkammer mit Manuskripten und alten Schriftrollen. Einige Muster sandte er mit Boten nach Lanzhou, doch die kaiserlichen Mandarine interessierten sich nicht für seinen Fund und ließen ihn wissen, Überprüfung und Abtransport seien zu kostspielig. Diese Antwort, eine Mischung aus Arroganz und Unwissen, ist leicht erklärlich durch die Tatsache, daß der chinesische Adel den Morallehren des Konfuzius anhing und andere Religionen zwar duldete, aber herablassend als eine Art ›Opium fürs Volk‹ einstufte.

Der Brite Aurel Stein gelangte 1907 bei einer seiner Forschungsreisen nach Dunhuang. Er hatte durch einen moslemischen Händler von dem Fund Wangs erfahren und folgte diesen Gerüchten zielstrebig. In seinem Buch *Ruins of Desert Cathay* (erstmals erschienen 1912) schreibt er: »Meine ganze Hoffnung war das große, verborgene Depositum antiker Manuskripte, das ein taoistischer Mönch zufällig entdeckt hatte, während er einen Tempel restaurierte, und das er noch immer eifersüchtig in einer zugemauerten Seitenkapelle bewachte.« Steins ganze Überredungskunst nützte wenig bei dem eigenwilligen Wang – bis er auf die Idee kam, sich als Jünger des großen Indienpilgers Xuan Zang auszugeben, den beide verehrten.

Der Rest ist bekannt: Stein konnte Wang schließlich überzeugen, die Höhle zu öffnen. Mit dessen Einverständnis durfte er mehrere Kamelladungen der kostbaren Chroniken, Gemälde und Schriftrollen mitnehmen, die er später sorgsam wissenschaftlich auswertete. Während sich die Verhandlungen darüber hinzogen, nutzte Stein die Zeit für weitere Ausgrabungen in der Nähe von Dunhuang.

Über die Bewohner der Oase notierte er: »Sie sind noch genauso fromm wie zu Marco Polos Zeiten, aber es war nicht leicht, Männer fürs Graben zu finden. Die Leute sind wenig an der Zahl und auf entzückende Weise faul.«

Aurel Stein kannte keine Gewissensbisse bei seiner Arbeit, zumal die Ausbeute für das Britische Museum bestimmt war: »Selbst der gute Taoshih schien am Schluß wieder frei zu atmen, ja beinahe anzuerkennen, daß ich ein frommes Werk

Haupttempel der Klosteranlage von Dunhuang.

Die »Höhlen der tausend Buddhas« sind wie Waben in die Sandsteinhänge gemeißelt und faszinieren Wissenschaftler aus aller Welt.

Audi-Expedition
Seidenstraße

Unendlichkeit der Taklamakan. Sven Hedin nannte sie die »schrecklichste und gefährlichste Wüste der Welt«.
Das geheimnisvolle Schriftzeichen soll heißen: »Es lebe die Gewerkschaft«.

Die Piste führt auf die Oase Sheban zu, ein fruchtbarer grüner Streifen in einem Meer aus Sand.

Stolz zeigen die Frauen Shebans ihren wohlgenährten Nachwuchs.

tat, wenn ich diese Zeugnisse der antiken buddhistischen Literatur und Kunst für die westliche Wissenschaft rettete – Schätze, die wegen der Ignoranz der Einheimischen hier mißachtet herumliegen oder am Ende gar verloren gehen würden.«

Von ähnlichen Gedanken wurden auch die anderen »fremden Teufel auf der Seidenstraße« geleitet, die nach Aurel Stein hier waren. Sie glaubten, Dunhuang würde ohnehin verfallen und ›retteten‹, was zu retten war – von chinesischer Warte nichts als Raubzüge. Besonders schlecht sind die Chinesen auf Langdon Warner zu sprechen, Professor für chinesische Kunst am Fogg-Art-Museum der Harvard-Universität. Er bestrich zwölf Fresken in Dunhuang mit einem Spezialklebstoff und löste sie wie Abziehbilder mit ebenfalls leimgetränkten Gazestreifen von der Wand.

Warner wußte sehr wohl, was er tat, hatte aber gute Gründe dafür: Zwei Jahre vor ihm wurden mehrere hundert weißrussische Soldaten, die über die Grenze entkommen waren, von den chinesischen Behörden in Dunhuangs Höhlen einquartiert. Aus Langeweile und purem Vandalismus hatten sie viele der Kunstwerke zerstört oder stark beschädigt. »Auf einige dieser lieblichen Gesichter sind die Nummern eines russischen Regiments gekritzelt«, schrieb er empört in einem Brief, »aus dem Mund eines Buddha, der das Gesetz des Lotos verkündet, strömt irgendeine slawische Zote.« Daß einen feinsinnigen Kunsthistoriker dabei die Wut packt, ist verständlich. Und auch, daß sich seine eigenen Skrupel verflüchtigten angesichts der mutwilligen Vernichtung unschätzbarer Werte. Dennoch achtete Warner darauf, die feinsten und frühesten Fresken an ihrem Platz zu belassen und nur Teile jener Malereien mitzunehmen, die bereits beschädigt waren.

Trotz dieser Beschränkung und der Behutsamkeit, mit der er vorging, steht Langdon Warner auf der schwarzen Liste der Chinesen weit oben, ebenso der bedeutendste der französischen Sinologen, Paul Pelliot, der nicht nur ein anerkannter Wissenschaftler, sondern auch ein abenteuerlustiger Bonvivant war. Er nahm gleich mehrere tausend alte Schriften und Rollbilder mit nach Paris. Und die japanischen Expeditionen des Grafen Otani schafften Dokumente aus Dunhuang ebenfalls kistenweise nach Kyoto.

Alle diese »fremden Teufel« handelten mit Wissen und Einwilligung des inzwischen zum Abt avancierten Tempelhüters Wang – eine Tatsache, die den Ärger der Chinesen über die Verluste nicht verringert. Kein Wunder, daß sie die verbliebenen Kunstwerke nicht einmal photographieren lassen, aus Furcht, durch Blitzlichter in den düsteren Höhlen könnten die Farben verblassen. Das Verbot wird strikt überwacht, und das Mißtrauen geht soweit, daß europäische Wissenschaftler bislang keine Erlaubnis mehr erhielten, an den Arbeiten chinesischer Kunsthistoriker in den Mogao-Grotten teilzunehmen.

Dabei stellt die Klosteranlage eine der größten Schatzkammern der Welt dar, eine Schatzkammer, die längst nicht umfassend erforscht ist. Vieles gibt den Archäologen noch immer Rätsel auf, vieles ist nicht gedeutet, die zahllosen Details sind kaum überschaubar. Zusammengerechnet bedecken die Wandmalereien eine Fläche von 45000 Quadratmetern, über zweitausend Buddhas und Bodhisattvas füllen die Räume.

Zahlreiche Szenen in den Grotten schildern das Leben entlang der Seidenstraße, vor allem die Gefahren durch Sandstürme und Räuber, vor denen die reisenden Kaufleute mit ihren Waren immer auf der Hut sein mußten. (Nur in der Epoche der großen Mongolen-Khane des 13. und beginnenden 14. Jahrhunderts waren die weiten Ebenen Zentralasiens sicher: Sie galten als so sicher, daß die Mongolen zu sagen pflegten, eine Jungfrau könne mit einem Sack voll Gold allein von einem Ende des Reiches zum anderen reiten, ohne daß ihr das geringste Leid geschähe.)Bei anderen Gemälden ist die große Epoche Dunhuangs während der glanzvollen Tang-Dynastie zu erkennnen: Alltag und Feste, Bauern beim Pflügen, Lakaien am kaiserlichen Hof, einfache und prunksüchtige Kleidung, Schmuck und Frisuren – eine Zeit, in der sich China fremden Strömungen öffnete, in der auf der Seidenstraße ein lebhafter Austausch von Handelsgütern, von Kultur und Religion stattfand.

Die Geschichte Buddhas, die Legenden, die sich um sein Leben und Wirken ranken, wird in unendlicher Vielfalt dargestellt. Unverkennbar ist der Einfluß der Gandhara-Kunst aus Nordindien, eine Mischung von griechischer Gestaltung, die Alexander der Große bei seinen Eroberungszügen mitbrachte, und Vorstellungen aus der indischen Götterwelt. Sie vereinte sich mit chinesischen Elementen zu einer neuen Stilrichtung: Übergang von starren Konturen zu geschmeidigen Körpern, weich fließenden Gewändern, zarten Gesichtszügen.

Die ›fliegenden Apsaras‹, engelsgleiche Geschöpfe, wurden zum Erkennungszeichen Dunhuangs – beschwingte Darstellungen von überirdischer Schönheit und sinnlicher Ausstrahlung. Diese Fabelwesen entstammen aus jenem Zusammenfluß von Hellenismus und Buddhismus im einstigen Gandhara-Königreich.

Wir beneideten Aurel Stein, der sich so viel Zeit für Dunhuang hatte nehmen können, während uns nur drei Tage blieben und nur die Hälfte der kurzen Spanne für die Mogao-Grotten.

Sechzig Kilometer außerhalb der Stadt am Hongshan-Paß liegen einige Wachtürme aus der Han-Zeit, die damals Orientierungspunkte für Karawanen waren und von denen aus die Bevölkerung vor fremden Eindringlingen gewarnt wurde. Die Übersicht von den Wachtürmen ist großartig – in alle vier Himmelsrichtungen auf die hügelige Wüstenlandschaft und auf die kleine bewaldete Oase Sheban.

Während Hilmar und Florian vom Turm aus filmten und fotografierten, fuhren Alois und ich in der Wüste abseits der befestigten Piste. Im ersten Gang, die Differentialsperre eingelegt, wühlten sich *Silbermond* und *Purpursonne* tapfer durch den Sand und demonstrierten die Leistung des permanenten Vierradantriebs. Diese Testfahrt war nicht nur für die Kamera gedacht. Wir mußten bei den künftigen Strecken mit Sandverwehungen rechnen, konnten uns aber nicht darauf verlassen, daß zur rechten Zeit ein ›Sandpflug‹ zu Hilfe kam.

Auf dem Rückweg machten wir Rast in der Oase Sheban, wuschen den Staub von den Gesichtern und schüttelten den Sand aus den Schuhen. Der Name Sheban bedeutet »künstlicher Wald«, es ist ein sauberer kleiner Ort mit 260 Einwohnern. Die meisten arbeiteten auf den umliegenden Feldern, die übrigen verbrachten die Mittagszeit in den schattigen Innenhöfen.

Eine junge Frau mit ihrem Baby gesellte sich ohne Scheu zu uns und beantwortete munter Zhangs Fragen. Dabei geriet er in einige Verlegenheit, weil er sie kaum verstehen konnte: Die Vielzahl der verschiedenen Dialekte in einem riesigen Land wie China machen gelegentlich sogar die Verständigung zwischen Großstädtern aus Beijing und Shanghai schwierig. Einzige Möglichkeit ist in solchen Fällen, die Schriftzeichen symbolisch in die Handflächen zu malen oder mit einem Stecken in die Erde zu ritzen. Diese Methode bewährte sich auch hier halbwegs, doch nicht genug für Zhangs Ansprüche an sich selbst. Er schaute so unglücklich drein bei der holprigen Unterhaltung, daß ich ihm zum Trost versicherte, ein Oberbayer hätte in Bremen auch seine Probleme mit der Sprache!

Die junge Frau hieß Li Guirong und war auf dem Weg zu ihrem Obstgarten. Wir gingen mit ihr die Dorfstraße entlang, neben der ein lehmfarbiger Bach floß.

»Es gibt eine Quelle hier«, sagte Zhang. »Noch bevor Menschen hier wohnten, wuchsen Bäume. Hirten kamen mit ihren Herden. Dann wurden Häuser gebaut und mehr Bäume gepflanzt, daher der Name Sheban.«

Der Obstgarten von Li war eine Pracht. Die Zweige bogen sich unter der Last von Äpfeln und Birnen, und die prallen, saftigen Tomaten hatten ein Aroma, von dem man in Deutschland nur träumen kann. Wir pflückten einen ganzen Korb voll, und Zhang meinte: »Immer daran denken, was Marco Polo geschrieben hat – 40 Tage nichts zu essen!!«

Li wollte keine Bezahlung dafür, nahm aber schließlich doch ein paar Yuan, als wir vorschlugen, sie solle das Geld für ihr Baby Sonwa verwenden.

Die Idylle in ihrem Garten und der mittägliche Friede in der stillen Ortschaft sind mir deutlich in Erinnerung – eine Oase im wahrsten Sinn des Wortes. Die

Lehmhäuser waren geräumig, fast komfortabel, verglichen mit denen in anderen Provinzen und den winzigen, stickigen Mietwohnungen der Städte. Verborgen hinter hohen Mauern öffneten sich blankgefegte Innenhöfe, in denen Blumen wuchsen, Vorräte gestapelt waren und glückliche Hühner spazierten. Auf den flachen Dächern lagerte Feuerholz für die kalte Jahreszeit: Wurzeln, Maisstroh, Gestrüpp und dürre Äste. Die Temperatur sinkt im Winter auf minus 30 Grad.

Auf der Holztür zum Haus der Familie Li prangte eine chinesische Inschrift, die besagte: »Die rote Sonne geht im Osten auf.« Darunter war ein buntes Plakat angeheftet als Überbleibsel vom Neujahrsfest – zwei Schriftzeichen für »Glück und Fröhlichkeit« zwischen Trauben, Blumen, Getreidebündeln und Pfirsichen; Löwen und Fische ergänzten das farbige Durcheinander.

»Fisch hat zweierlei Bedeutung«, erklärte Zhang, »es kann ein Tier sein, das im Wasser schwimmt und kann auch ›übrig‹ heißen. Es ist fast die gleiche Aussprache. Auf dem Neujahrsplakat ist ›übrig‹ als Überfluß gemeint und gilt als Zeichen für eine gute Ernte.«

Gute Ernten gibt es dann, wenn die Wüste gnädig ist und die Sandstürme sich in unbewohnten Landstrichen austoben.

Die riesigen Wanderdünen im Süden von Dunhuang sind keine Gefahr für Sheban, wohl aber für die Mogao-Grotten. Auf dem Kamm der angrenzenden Bergwand sind Sperren gegen den Treibsand errichtet, angelegt wie Lehmmauern aus alter Zeit, um das natürliche Bild nicht zu stören. Ein breiter Schutzgürtel aus neugepflanzten Bäumen soll die Höhlenklöster zusätzlich schützen. Erst die Zukunft wird zeigen, wie die Machtprobe zwischen Mensch und Natur ausgeht. Der Wüstensand hat in der Vergangenheit schon blühende Oasen, Königsstädte und ganze Fürstentümer unter sich begraben.

Vor Kashgar war Dunhuang für uns der letzte Ort, den Touristen wie Traveller ansteuern können, zwei sehr unterschiedliche Gattungen Mensch, die sich wenig Sympathie entgegenbringen und tunlichst aus dem Weg gehen.

Ausländer dürfen von hier aus nur in nördlicher Richtung weiterreisen. Die Sperrung der Südroute – von seltenen Ausnahmen abgesehen – hat wenig mit Geheimniskrämerei zu tun. Die Chinesen mögen keine Fremden in Gebieten, in denen sie nicht halbwegs mit westlichem Komfort bewirtet werden können, in denen es keine Hotels gibt, in denen die Straßen zu wünschen übrig lassen, eine ärztliche Versorgung schwierig, das Essen bescheiden ist, und die sanitären Einrichtungen... Davon spricht man besser gar nicht. *Ein* negativer Bericht darüber genügt – und schon haben viele Leute ihr Gesicht verloren, die verantwortlich sind, vom Bürgermeister bis zum Provinzgewaltigen.

Wie dem auch sei: Wir waren die Ersten und die Glücklichen, denen die Behörden in Beijing die Südroute in eigenen Fahrzeugen genehmigten, und wir wußten diese Ehre wohl zu schätzen. Wir hatten vorgesorgt, um neben der irdischen auch mit der himmlischen Regierung gut zu stehen:

Purpursonne war mit einem Bild unserer christlichen Schutzpatrone Matteo Ricci und Adam Schall verziert, der im 17. Jahrhundert hochangesehenen Jesuiten, Geographen und Astronomen am Hof der Mandschu-Kaiser. Den *Silbermond* vertrauten wir dem Schutze Allahs an – mit einer Seite des Korans hinter Glas. Und für abendliche Zeltplätze hatten wir buddhistische Gebetsfahnen dabei, die zwischen beiden Wagen flattern sollten.

Ehe wir aufbrachen, zündete ich noch ein Bündel Räucherstäbchen an – in der Hoffnung auf eine friedliche Gemeinschaft der drei Religionen. Und auf Harmonie unter den sechs Reisenden.

7
»Wer in die Wüste hineingeht, kommt nicht mehr heraus«

Bei Dunhuang geht die Gobi über in die *Wüste Taklamakan*. Hier begann auch für unsere chinesischen Begleiter Neuland. Dai war einmal bis Dunhuang gekommen, Zhang nur in die Gegend nördlich von Shanghai.

Wir hatten nicht vor, am ersten Tag weit zu fahren, doch die Straße war neu angelegt, und es gab nicht viel zu sehen und keinerlei Verkehr. So kamen wir auf einen ungewöhnlichen Schnitt von 70-Stunden-Kilometern, der nur deshalb erwähnenswert ist, weil er einmalig war auf der ganzen langen Fahrt.

Dann wurde die Gegend hügelig, die Straße begann zu steigen und über Hügel zu klettern, durch rotbraune, windzerfurchte Gebirgsketten. Kein Pflänzchen wuchs mehr, kein Baum, kein Strauch, nicht einmal die bedürfnislosen Tamarisken. Wir fuhren in eine Mondlandschaft mit bizarr aufragenden Sandsteinfelsen, zernagt von den Stürmen heißer Sommer und eisiger Winter.

Die Weite, die unendliche Einsamkeit und die Wildheit der Hochebene, aus der diese Felstürme wuchsen, waren faszinierend. Florian betrachtete sie – wie später noch häufig – in einer Art Trance: Er schaute nur und vergaß darüber das Filmen. Ich wäre so gerne geblieben für den Rest des Tages. Geblieben, um diese neue, unwirkliche Welt zu erfassen, auf mich einwirken zu lassen, um zu schreiben, zu sehen und noch einmal zu sehen. Einfach um ›da‹ zu sein. Doch es war erst früher Nachmittag, und die Männer drängten vorwärts.

Die auf der Karte eingezeichneten Dörfer bestanden aus wenigen erbärmlichen Baracken. Zweimal bemerkten wir erst hinterher, daß wir einen Ort gar nicht erkannt und bereits passiert hatten.

Solange die Straße asphaltiert war, stand alle elf Kilometer ein Straßenwärterhäuschen. Unvermittelt ging die Strecke dann in ›Wellblech‹ über, und unser Tempo verringerte sich drastisch.

In *Youshashan* hofften wir auf einen angenehmen Platz zum Zelten, doch der Ort war trotz der Nähe eines Salzsees zu unwirtlich. In der nächsten Siedlung wurde Öl gebohrt: überall im Sand breiteten sich schwarze Öl-Lachen aus – auch kein Fleckchen zum Verweilen.

Zhang, Helfer in der Not, vertröstete uns auf Mangnai Zhen. Schon von weitem sahen wir Rauch in den Himmel steigen, als hätten Nomaden ihre Jurten aufgeschlagen und säßen am abendlichen Feuer. Diese anheimelnde Vorstellung freute mich besonders deshalb, weil wir frühmorgens an einigen Jurten vorbeigefahren waren ohne anzuhalten.

Zu unserer Enttäuschung erwies sich *Mangnai Zhen* beim Näherkommen als eine der häßlichsten Ansiedlungen, die wir je gesehen hatten. Zhangs Sorgenfalten vertieften sich und er fühlte sich erneut bemüßigt, um Entschuldigung dafür zu bitten: »Wie konnte ich das wissen? Diese Stadt ist keine Stadt, sie ist eine Fabrik!«

Stinkender Rauch quoll aus Schächten und angehäuften Erdhügeln. Mangnai Zhen war ein Barackendorf zur Gewinnung von Asbest und wirkte wie eine sibirische Strafkolonie für Verbannte. Die Menschen sahen ärmlich, müde und ungesund aus, viele trugen weiße Masken über dem Gesicht, um sich gegen die verpestete Luft zu schützen.

Der Vergleich mit der friedlichen grünen Oase Sheban war deprimierend: Wir waren betroffen von so viel Trostlosigkeit. Dennoch blieb keine andere Wahl, als hier über Nacht zu bleiben. Der Benzinvorrat ging zur Neige, und selbst mit der Reserve aus den Kanistern hätten wir die nächste Tankstelle nicht erreicht.

Das übliche Palaver um Benzin dauerte fast eine Stunde, dann fuhren wir an den Rand der Siedlung und bekamen 100 Liter zu 56 Oktan.

Eine Urlandschaft mit bizarr aufragenden Sandsteinfelsen im Altun-Shan-Gebirge.

Vierbeinantrieb gegen Vierradantrieb! Auf der neugebauten Asphaltstraße ein Spaß für beide Fahrer.

Über unserem einsamen Nachtlager bei Mangnai Zhen geht der Vollmond auf. (Links und rechts am Tisch unsere beiden chinesischen Begleiter Zhang und Dai.)

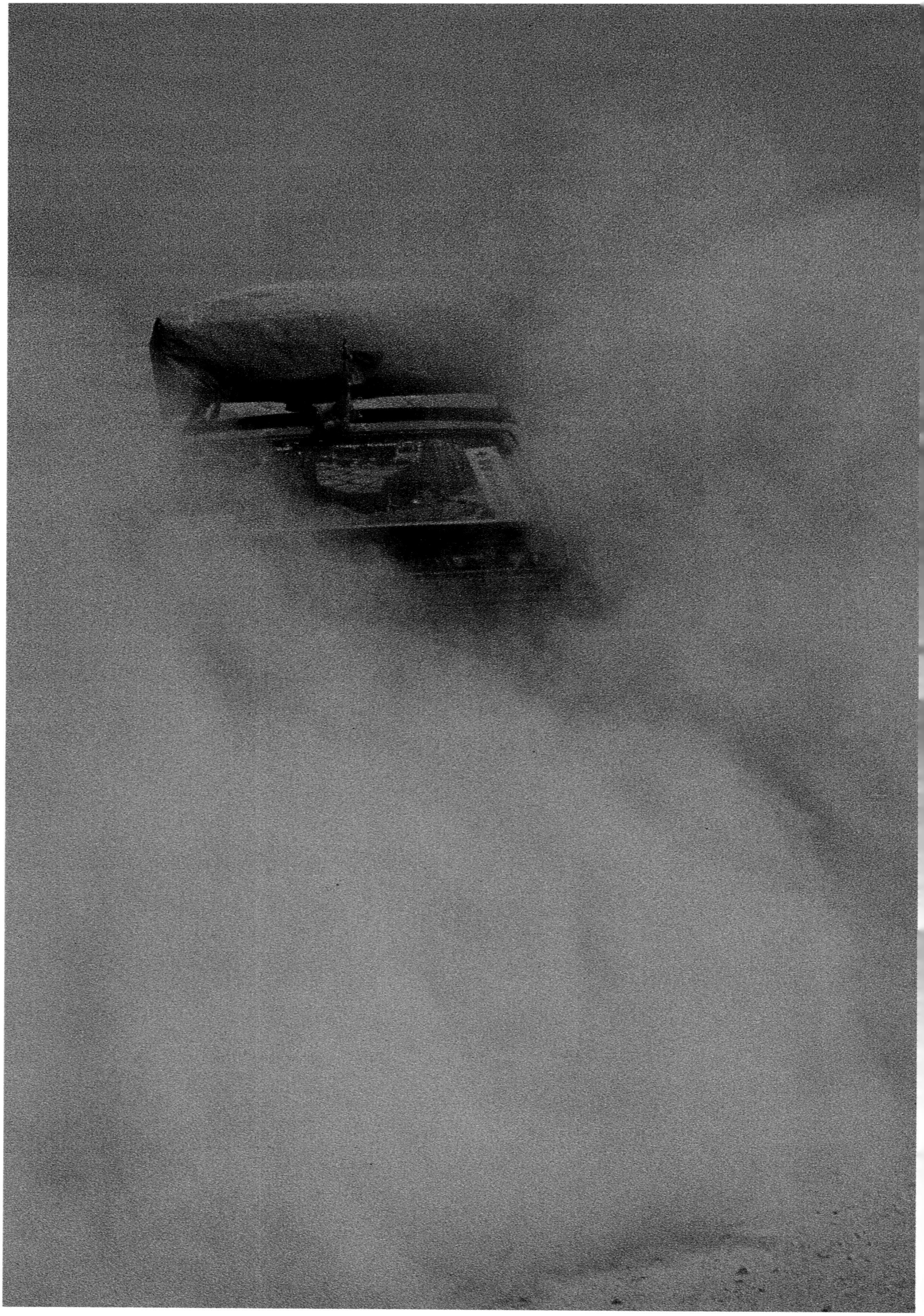

Sand- und Staubwolken sind treue Begleiter in der Taklamakan-Wüste.

Hier war der einzige Übernachtungsplatz zu so später Stunde. Der Wind stand günstig und blies den widerlichen Geruch nach Osten. Um uns dehnte sich die Wüste aus, und hinter den schneebedeckten Bergen ging der Vollmond auf.

Die Zelte waren schnell hergerichtet, dann keimte bei Alois plötzlich ein gar schlimmer Verdacht: »Haben wir etwa vergessen, Bier mitzunehmen?«

»Richtig«, sagte ich, »der Kandidat erhält zehn Punkte! Aber ich kann mit vorzüglichem Gänsewein dienen. Magenfreundlich temperiert!« Ich deutete auf die Wassersäcke.

Alois und Florian verzogen die Gesichter, als hätten sie in eine Zitrone gebissen. »Wasser? Pfui Deifi! Den ganzen Tag fahren und schwitzen und Staub schlucken – und dann Wasser trinken! Das kannst du nicht mit zwei gestandenen bayerischen Mannsbildern machen!«

Schon der Gedanke daran war eine Zumutung, und Alois beschloß, den unwürdigen Zustand der Bierlosigkeit durch einen Beutezug nach Mangnai Zhen zu beenden. »Los, Zhang«, sagte er, »jetzt wollen wir zwei mal sehen, wie's mit dem Nachtleben hier ausschaut!«

»Vergeblich, vergeblich«, winkte Zhang ab, »zirpt deine Grille auch an diesem häßlichen Ort?«

Alois spielte den Gekränkten, zu Unrecht Verdächtigten: »Was ihr alle nur immer von mir denkt! Einem braven Kerl wie mir Grillen anzudichten! Das hat man davon, wenn man sich um das Wohl seiner Mitmenschen kümmert!«

Mit Zhang im Schlepptau sprang er in den Wagen und fuhr in einer Staubwolke davon. Wir waren neugierig, was er organisieren würde. Und wirklich kam er nach einer halben Stunde erfolgreich zurück mit sechs Flaschen und 42 Eiern, das Bier sogar leidlich kühl.

»Wie hast Du das geschafft?«

»Kein Problem für mich!« Er klopfte sich auf die Brust. »Im Laden gab's natürlich nur warmes Bier, aber daheim hatte der Verkäufer kaltes. Nur war das Haus abgeschlossen und der Schlüssel bei der Frau. Da sind wir mit ihm über den Zaun geklettert und zur Hintertür rein!«

Es wurde ein vergnügliches Mahl, überstrahlt vom Vollmond.

Unsere chinesischen Freunde hatten noch nie gezeltet und sahen diesem neuen Erlebnis mit gemischten Gefühlen entgegen. Der Höhenmesser zeigte 2800 Meter, und nach einem heißen Tag versprach die Nacht empfindlich kühl zu werden.

»Bisher waren vier Verrückte unterwegs«, meinte Zhang mit einem Seufzer, »jetzt sind es sechs!« Sprachs und verkroch sich in das kleine Zelt.

Unsere erste Nacht in der Wüste!

Der Mond schien so hell, daß ich lesen konnte und in Marco Polos Aufzeichnungen schmökerte. »Es gilt als wohlbekannte Tatsache«, berichtet er, »daß diese Wüste vielen bösen Geistern zum Aufenthalt dient, die den Reisenden allerhand sonderbares Blendwerk zu ihrem Verderben vorführen. Wenn sie mit den Kamelen von Wasserstelle zu Wasserstelle ziehen, wähnen sie sich beim Namen gerufen. Folgen sie der Stimme, gehen sie in die Irre und kommen elendiglich um. Sie hören des Nachts Getrappel von Reitertrupps – ergreifen sie die Flucht, verlieren sie den rechten Weg. Zuweilen scheint die Luft von Musik erfüllt, von Trommellärm und Waffengeklirr. In der Tat sind die Geschichten, welche von jenen Geistern berichtet werden, wunderbar und kaum glaublich.«

Ich lauschte – klang da nicht aus der Wüste ferne Sphärenmusik? Leise, kaum vernehmbar, hohe, helle Töne wie das Klingen von Aeolsharfen? Oder spielte mir die Phantasie einen Streich statt der Geister?

In den Zelten war es still. Ich wußte nicht, ob die Männer schon schliefen und wollte sie nicht wecken. Vielleicht hätten sie auch gar nichts gehört, meinen Mauseohren nicht geglaubt oder gedacht, ich träumte.

Der früheste Chronist Chinas, der Pilger Xuan Zang, hatte schon Jahrhunderte vor Marco Polo ähnliche Erfahrungen gemacht. Auch er warnte vor den Dämonen der Wüste, die den Reisenden den Verstand raubten.

Die Sterne leuchteten kristallklar und kalt, zum Greifen nah. Trotz meiner Müdigkeit konnte ich nicht einschlafen. Die Unendlichkeit der Taklamakan bringt nicht nur das Gefühl einer großen Freiheit mit sich, sie kann auch bedrückend wirken. Melancholische Gedanken schlichen sich ein. Warum haben wir uns die ganze Plage überhaupt aufgehalst? Warum fahren wir hier durch die Einöde, statt den Spätsommer in unserem schönen bayerischen Dorf zu genießen?

In solchen Augenblicken verblaßte der Reiz und die Einmaligkeit dieser Reise und ich machte mir Vorwürfe. Vorwürfe, weil ich Hilmar die Strapazen der langen Fahrt und der Kameraarbeit zugemutet hatte. Vorwürfe über meinen Ehrgeiz, die Genehmigung für die Expedition auf Biegen und Brechen durchzufechten. Andere, wichtige Dinge waren dabei zu kurz gekommen – Freunde, gute Gespräche, Musik, Besinnlichkeit. Lohnte sich das alles?

Hilmar fühlte, daß ich wach lag. Er nahm mich in die Arme und wir versuchten gemeinsam, mit dem Gespenst der Angst fertigzuwerden. Das mag dramatisch und übertrieben klingen – und doch ist es wahr: Wir hatten beide Angst vor etwas Unwägbarem, Unvorhergesehenem, vor einer Gefahr, die nicht greifbar war – einer schweren Krankheit, einem Unfall, daß einer der Wagen abstürzen oder vom Steinschlag getroffen würde. Die Verantwortung für das ganze Unternehmen lag bei uns, und wir fürchteten bis zum letzten Tag, das Vertrauen zu enttäuschen, das in uns gesetzt wurde.

»Jetzt fangen wir schon an, wie Chinesen zu denken«, sagte Hilmar leise, »ist das nicht komisch? Wir müssen aufpassen, daß wir nicht mit Schlitzaugen heimkommen! Psst – draußen bewegt sich etwas – hörst du es auch?«

Ich war schon am Einschlummern, aber sofort wieder hellwach und dachte an Räuber oder die wilden Tiere, die uns im Dachzelt fressen sollten nach den Prognosen aus Shanghai.

Und was war es wirklich,?

Es waren Zhang und Dai, die ihren Schlafplatz in den Wagen verlegten. Die Kälte hatte sie aus dem Zelt getrieben.

Am Morgen waren die Wassersäcke gefroren und die Nachtgespenster verflogen. Nach dem schönen Abend im Mondschein war das Aufwachen ernüchternd: Frühnebel und Rauch aus den Asbestminen vermischten sich mit Sandstaub zu einem undurchsichtigen Dunstschleier.

Kalt und steif krochen wir aus den Schlafsäcken, packten eilig und fuhren ohne Frühstück los, um den unwirtlichen Ort so schnell wie möglich hinter uns zu lassen. Statt dessen verirrten wir uns in der Siedlung und zwischen den Minen, verloren uns schließlich ganz aus den Augen und fuhren an einer Kreuzung in verschiedene Richtungen. Marco Polos Geister hatten offenbar noch andere boshafte Ideen in ihrer Trickkiste!

An diesem Tag lief nichts wie es sollte. So flott wir bisher vorangekommen waren, so zäh ging es jetzt. Die Straße war ›Wellblech‹ der übelsten Sorte, das durch eine kahle, steinige Wüste führte.

Karawanen, die hier vom »Kara Buran« überrascht wurden, waren verloren. Der Kara Buran, der schwarze Sturmwind, verdunkelt mit furchtbarer Geschwindigkeit den taghellen Himmel bis zur Finsternis und wirbelt Geröll und Steinbrokken wie Geschosse durch die Luft. Wer ihm schutzlos ausgeliefert ist, hat keine Chance – noch in diesem Jahrhundert fielen ihm Karawanen zum Opfer. Wir erlebten nur einen vergleichsweise harmlosen Sandsturm, der genügte, unsere Abenteuerlust zu dämpfen. Sven Hedins Worte kamen mir in den Sinn, der die Taklamakan kannte wie kaum ein anderer: »Es ist die schrecklichste und gefährlichste Wüste der Welt.« Auch Aurel Stein hielt die Wüsten Arabiens für harmlos, verglichen mit der Taklamakan.

In der Ferne erschienen wieder braungraue Gebirgszüge mit weißen Schneekuppen. Auf einer Paßhöhe fuhr Alois die *Purpursonne* kilometerweit zurück, weil der Blick in die Tiefe für Hilmars Kamera so verlockend war.

Welche Mühsal und Anstrengung muß diese Strecke für die Karawanen auf der Seidenstraße gewesen sein!

Bei der letzten Steigung war die Piste in einen Berghang eingeschnitten und den Sandstürmen aus der Wüste frei ausgesetzt. Die gedrosselte Motorkraft und das schlechte Benzin machten sich bemerkbar. Dennoch kletterten die beiden Wagen unverdrossen bergan.

Ich warf nur einen Blick seitwärts ins Tal, dann ließ ich es lieber bleiben. Wenn ich im lockeren Sand ins Schwimmen kommen und seitlich abkippen würde – ein halbes Dutzend Mal hätte ich mich bestimmt überschlagen. Aber der gute *Silbermond* kam dank seines Vierradantriebs nicht ins Schlingern, und ich versprach ihm bei der nächsten Gelegenheit ein paar Liter Superbenzin zur Belohnung.

Als wir den höchsten Punkt hinter uns hatten, sahen wir einen Lastwagen, dem das passiert war, was ich gerade befürchtet hatte. Er war ins Rutschen gekommen und saß seitlich der Straße im tiefen Sand fest, zu seinem Glück an dieser Stelle. Mit untergelegten Steinen und Zweigen versuchten zwei Männer ihn wieder flottzumachen.

»Vergeblich«, kommentierte Zhang und kostete sein Lieblingswort auf der Zunge aus. »Vergeblich, wenn wir nicht helfen. Die Männer sagen, sie arbeiten schon zwölf Stunden.«

Sie freuten sich, als sie unsere kräftigen Schaufeln sahen, und schon nach kurzer Zeit war die chinesisch-deutsche Zusammenarbeit glücklich abgeschlossen.

Wenig später hatten wir den ersten platten Reifen. Am Steuer war ich – wie hätte es anders sein können. Alois und Florian wechselten ihn in Rekordzeit aus, und ich durfte zuschauen. Bei keiner meiner bisherigen Expeditionen war es mir so gut ergangen; früher mußte ich alles selbst machen.

Meine Bewunderung wurde durch eine Rüge von Alois gedämpft: »Bei einer Rallye darf eine solche Reifenpanne überhaupt nicht vorkommen, sonst ist der Sieg gleich im Eimer«, stellte er fest und sah mich strafend an.

»Und wofür waren dann die 600 Ersatzreifen bei der Kenya-Rallye?« fragte ich zu meiner Verteidigung.

»Ach die – die sind doch für die Service-Stationen, damit es beim Reifenwechsel keinen Zeitverlust gibt.«

Nun wußte ich's und sah ein, daß ich mich als Rallye-Fahrerin disqualifiziert hatte.

Als wir unser Tagesziel Ruoquiang ohne weitere Panne erreichten, war ich froh.

8
Eine Oase am Rand der Taklamakan

Die Provinz Quinhai hatten wir nur am Rand gestreift und waren nun seit einem Tag in Sinkiang, der für uns interessantesten Provinz. Sie ist mit 1,6 Millionen Quadratkilometern die größte Chinas, größer als England, Frankreich, Italien und Deutschland zusammen!

In Sinkiang wohnen elf Millionen Menschen. Es umfaßt das Tarimbecken mit der Taklamakan und ist von einem Gebirgsgürtel umgeben, der die tiefgelegenen Wüsten, die Steppen und Hochplateaus einrahmt. Eine Kette fruchtbarer Oasen wird vom Schmelzwasser der Gebirge gespeist, eine im Norden, eine im Süden – und nach diesen Plätzen richteten sich die Wege der antiken Seidenstraßen.

Der Shanghaier Bürgermeister, der uns wissen ließ, er habe hier »Petroleum trinken müssen in Ermangelung von Wasser« – er hatte uns einen gewaltigen Pandabären aufgebunden! Einen von der Sorte, die uns im Dachzelt heimsuchen sollte...

Wasser gibt es genügend in den Oasen, auch wenn es den Bewohnern nicht zufließt wie im Schlaraffenland: Es wird durch ein ›Karez‹ hergeleitet, weil es durch die extreme Hitze und Trockenheit der Sommermonate in offenen Bächen verdunsten und versickern würde. Die Karez sind unterirdisch angelegte Kanäle, die am Fuß der Berge das kostbare Naß einfangen. Jeder dieser Kanäle ist ein Musterbeispiel technischer Präzision und das Ergebnis mühseliger Schwerarbeit. Die Menschen, die sie anlegen, müssen die Schächte immer wieder nach oben durchbrechen, um nach Maulwurfsart die anfallende Erde abzulagern. Und um nicht zu ersticken. Außerdem müssen die Röhren mit genau so viel Neigung gebohrt werden, daß das Wasser wie ein natürlicher Quell zu der tiefer gelegenen Oase fließt. Diese altüberlieferte Methode erspart Pumpen, braucht aber auch nach dem Bau ständig Pflege, um nicht zu versanden.

Über die Herkunft dieses Bewässerungs-Systems ist ein Gelehrtenstreit entstanden. Sven Hedin meint, es sei in Persien erfunden worden und von dort über die Seidenstraße ins Tarim-Becken gekommen. Die Chinesen dagegen betonen mit Nationalstolz, es habe bereits in der Han-Dynastie die ersten Karez gegeben. Beides mag stimmen. Außerdem liegt als dritte Möglichkeit nah, daß die Oasenbewohner in den wasserarmen Gebieten Sinkiangs selbst auf diese schlaue Idee gekommen sind, ohne Einfluß von außen.

Die Karez haben bis in die Gegenwart ihre Bedeutung nicht verloren, trotz Brunnenbau und Bohrungen nach Grundwasser.

In Kriegszeiten waren die Oasen durch dieses komplizierte System sehr anfällig. Angreifer konnten sich einen Kampf ersparen: Wenn sie die Kanäle unterbrachen, trafen sie den Lebensnerv. Auf diese ebenso einfache wie grausame Methode wurden in den Glanzzeiten der Seidenstraße viele blühende Oasen ›trockengelegt‹, bis sich die Menschen unterwarfen – oder verdursteten. Der Legende nach sollen mehr als dreihundert ›verlorene‹ Städte im Sand der Taklamakan liegen, von denen zweifellos viele auf diese Weise zugrunde gegangen sind.

Eine dieser Städte war Kharakhoto, Marco Polos Eçina. Nach historischen Berichten wurde sie im 11. bis 13. Jahrhundert von Tanguten bewohnt, Buddhisten tibetischer Abstammung. Ihr König erhob sich in Überschätzung seiner Stärke gegen den chinesischen Kaiserthron, worauf der gefürchtete Mongolen-Herrscher Dschingis Khan eine starke Streitmacht gegen ihn aussandte. Drei Angriffe wurden in offenem Kampf vor den Toren der Stadt zurückgeschlagen. Dann schlossen Dschingis Khans Reiter die Rebellen ein und belagerten sie vor den hohen Festungsmauern. Mit Waffengewalt konnten sie die bisher unbesiegte Tanguten-Armee nicht niederzwingen. Als sie aber die Wasserzufuhr unterbrachen, war der Untergang Kharakhotos besiegelt. Der König soll noch versucht

Bei Speis und Trank bemüht sich Alois Eder um »Völkerverständigung«.

In der guten Stube des Bauern Zakir. Ob arm oder reich – Gastfreundschaft hat Tradition und ist der uighurischen Bevölkerung Sinkiangs heilig.

Audi

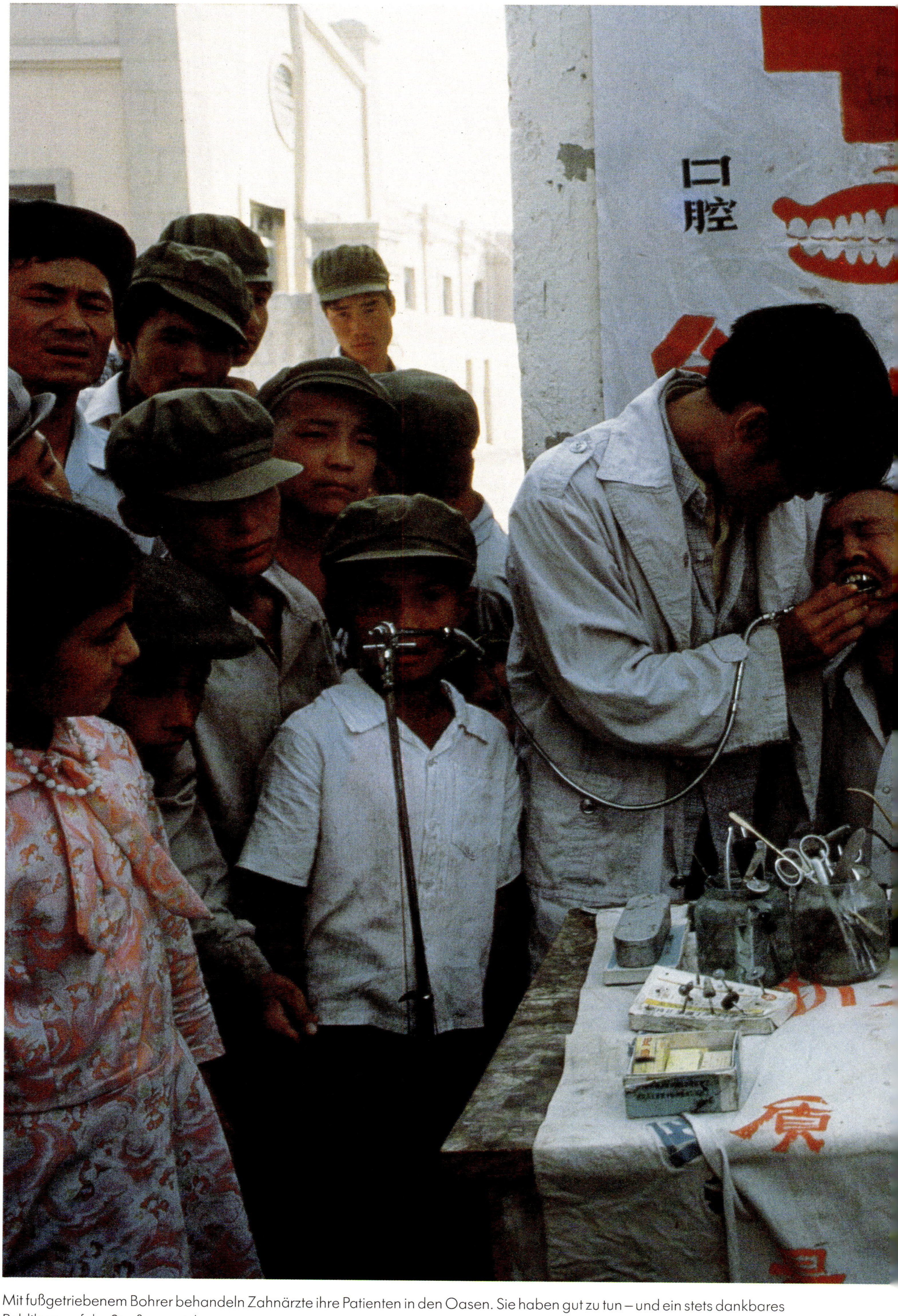

Mit fußgetriebenem Bohrer behandeln Zahnärzte ihre Patienten in den Oasen. Sie haben gut zu tun – und ein stets dankbares Publikum auf der Straße um sich.

专科

Alt und jung drückten sich die Nasen platt an den Fenstern von »Silbermond« und »Purpursonne«.

Tankstellen am Rand der Taklamakan sind selten und schwer zu finden. Benzin ist billig und schlecht.

Lange Schläuche führen in das Innere eines Gebäudes, in dem die Menge abgemessen und berechnet wird.

Der Bürgermeister von Ruoquiang, sein Stellvertreter und sein chinesischer Berater gaben uns die Ehre und ließen sich das Dachzelt vorführen.

Tee, auf glimmender Holzkohle warm gehalten, gibt es auch in der kleinsten Siedlung.

haben, sich und seine tapferen Krieger durch das Bohren eines tiefen Brunnens zu retten. Doch als kein Wasser gefunden wurde, ließ er alle seine Schätze in den Schacht werfen und ihn zuschütten. Er tötete seine beiden Frauen und seine Kinder und suchte an der Spitze seiner Getreuen den Tod in der Schlacht.

Der Schatz – es sollen achtzig beladene Wagen gewesen sein – wurde nie gefunden, obwohl es zu manchen Zeiten in der Taklamakan von Schatzsuchern gewimmelt hat, von einheimischen und ausländischen.

Ich hatte schon als kleines Mädchen ein Faible für alte Ruinen, Wracks gestrandeter Schiffe, unterirdische Höhlen und besonders für versunkene Städte. Deshalb verschlang ich im Schein der Taschenlampe unter der Bettdecke Sven Hedin wie meine Klassenkameraden ihren Karl May. Ich sammelte abenteuerliche Literatur zu diesen Themen und hätte am liebsten Archäologie studiert, um selbst einen Schatz zu finden – wie Heinrich Schliemann Troja!

Als ich erwachsen wurde, ging mir auf, daß die meisten Archäologen in staubigen Museen sitzen und nur die wenigsten aufsehenerregende Funde machen. So wurde ich doch lieber Journalistin mit einer ausgeprägten Vorliebe für geheimnisvolle Städte. Viele davon hatte ich selbst durchstreift wie Zimbabwe in Afrika, Chizen Itza in Mexico, Machu Pichú in Peru, Lashkar Gah in Afghanistan und Angkor Vat in Kambodscha.

Was hätte ich dafür gegeben, einen Tag in Kharakhoto zu verbringen, das nicht weit von unserem Weg lag! Obgleich ich wußte, daß wir nicht von der aufgezeichneten Strecke abweichen durften, fragte ich Zhang, ob vielleicht eine Ausnahme möglich sei. Als ich die kummervollen Wolken sah, die sich sogleich auf seiner Stirn zusammenbrauten, brauchte ich nicht auf eine Antwort zu warten. Vergeblich!

So beschlossen wir, uns wenigstens für *Ruoquiang* Zeit zu nehmen, das heute zwar eine ›moderne‹ Oase ist, aber auf eine alte Tradition zurückblicken kann und in den historischen Berichten immer wieder auftaucht.

Die kleine Stadt bezauberte uns auf den ersten Blick, als wir im milden Licht der Nachmittagssonne eintrafen. Die Menschen waren schön gekleidet und geschmückt, die Männer trugen bestickte Käppchen und die Mädchen golddurchwirkte feine Haarschleier. Wer einen Esel hatte, machte sich nicht die Füße staubig, sondern ritt oder fuhr ›Kutsche‹.

Es war Freitag, islamischer Feiertag. Niemand arbeitete, und sobald wir stoppten, waren wir auch schon umringt von Schaulustigen. Kinder drückten sich die Nasen platt an den Scheiben, und die Erwachsenen redeten in wildem Durcheinander auf Zhang und Dai ein – die kein Wort verstanden! Die überwiegend uighurische Bevölkerung Sinkiangs stammt von Turkvölkern ab und ihre Sprache hat mit dem Chinesischen nichts gemein.

Schließlich fanden wir eine Herberge, die von hohen Lehmmauern umgeben war, und Zhang stellte Hilmar wieder als »hohen Beamten aus dem Fernen Westen« vor. Wohl halb Ruoquiang zog hinter uns her und ließ sich nur sehr widerwillig so weit zurückdrängen, daß wir die Türen öffnen konnten.

Wir hätten gerne wieder gezeltet, irgendwo am Rand der Oase, gaben diesen Plan jedoch angesichts der unverhohlenen Neugierde der Leute wieder auf. Ein Eimer Wasser zum Waschen war nach einem langen, staubigen Tag auch nicht zu verachten, und so blieben wir in dem Gästehaus, das an eine Karawanserei erinnerte. Alois argwöhnte, daß hier vorwiegend Eseltreiber übernachten würden, wurde aber gleich eines Besseren belehrt.

Alles war sauber: die Betten, der Fußboden aus gestampftem Lehm und die bunt emaillierten Waschschüsseln, auf denen Rosen und Lilien prangten. Übereinander in einem Bambusgestell gehören sie zu der Standardeinrichtung einer ländlichen Herberge.

Ein Mädchen brachte heißes und kaltes Wasser, frischen Tee und Rosinen. Zhang verscheuchte eine Horde Jugendlicher, die unsere Fenster belagerte. Er war sichtbar peinlich berührt von dem Interesse, das wir weckten.

»Essen um sieben Uhr«, verkündete er, »der Koch ist beglückt über fremde Gäste. Er fühlt sich geehrt.«

Dai hatte inzwischen einen Dolmetscher aufgetrieben, einen jungen Uighuren namens Kawul, der beide Sprachen beherrschte. Er lachte, als er sah, wie wir die in Yumen gekauften Melonen-Vorräte aus dem Wagen räumten: Die Früchte hatten die holprigen Pisten nur zermatscht überstanden. »Ihr habt wohl gedacht, wir leben in der Wüste?« fragte er, »da könnt Ihr Euch morgen vom Gegenteil überzeugen. Bei uns wachsen nicht nur Melonen!«

Wir luden Kawul zum Abendessen ein und stellten fest, daß der geehrte Koch sich selbst übertroffen hatte. Zufrieden schaute er zu, wie es uns schmeckte. Es gab Khebab, würzige Lammspieße, Hühner-Pulau, Gemüse, Reis und kleine Teigtaschen mit Fleischfüllung. Es heißt, Marco Polo habe das Rezept für diese delikate Spezialität nach Venedig gebracht, und die Italiener hätten durch ihn Ravioli und Nudeln kennengelernt.

Verwunderlich bei dem Mahl erschien uns nur der Geschmack der Suppe, die sich als lauwarmes Bier erwies, das in Tassen serviert wurde. Es gab keine Gläser!

Nach einer ruhigen Nacht landen wir am nächsten Tag bei einem Bummel durchs Städtchen unversehens in einem uighurischen Heim. Mit einer ganzen Schar Neugieriger im Schlepptau gehen wir durch eine schmale Gasse, als mich ein kleines Mädchen bei der Hand faßt und auf eines der Lehmhäuser zeigt. Sie plappert munter darauf los, und Kawul erklärt: »Ihr Vater lädt die Fremden in seine bescheidene Hütte ein.«

Natürlich folgen wir der Einladung mit Vergnügen – und kommen aus dem Staunen kaum heraus. Die »bescheidene Hütte« erweist sich als ein stattliches Haus, überwachsen von Weinreben und blühenden Wicken. Im Vorhof begrüßt uns die ganze Familie und der Vater geleitet uns mit offenkundigem Stolz in die Innenräume.

Er heißt Zakir, ein kräftiger Mann mit bedächtigen Gebärden und hellwachem Gesichtsausdruck. »Willkommen, nehmt Platz«, sagt er und weist auf den Aivan, die Schlaf- und Sitzbank, die in keinem uighurischen Wohnraum fehlt. Er führt an zwei Wänden entlang und ist mit farbenprächtigen Teppichen belegt, die als Zeichen des bäuerlichen Wohlstands auch an den Wänden hängen.

Über den Tisch ist eine weiße Spitzendecke gebreitet, darunter verbergen sich Schüsseln mit Brotfladen und salzigem Spritzgebäck. Zakir nimmt sie ab und fordert uns mit einer Handbewegung zum Zugreifen auf. Kinder bieten Teller voll Trauben, Melonen und Nüssen an.

Während der Dolmetscher Zakir erklärt, wer wir sind und woher wir kommen, schaue ich mich um. Neben einem hohen Spiegelschrank steht eine Kommode, ebenfalls mit Spitzendecke und einem Strauß Kunstblumen. Neben der traditionellen Zupfgeige Dutar steht ein moderner Radio-Recorder und ein elektrischer Ventilator. An der Wand tickt eine große Uhr und auf der Nähmaschine versteckt sich zwischen Familienfotos ein kleines Bild von Mao.

»Früher ging es uns nicht so gut«, sagt Zakir, der meine Blicke beobachtet, »erst seit sieben oder acht Jahren. Nicht jeder in der Oase hat ein so schönes Haus wie ich. Aber jeder hat ein Dach über dem Kopf und Vorräte für den Winter.«

Zakir ist Bauer und betreibt eine Imbißstube am Markt. Er ist sympathisch und verschmitzt und er hat das, was man Bauernschläue nennt – ein Mann, der es versteht, hart zu arbeiten und mit Genuß zu feiern. 13 MU (15 MU = 1 ha) Ackerland bewirtschaftet er, pflanzt Raps, Weizen, Reis, Sojabohnen, Frischgemüse, Mais und Sonnenblumen. Im Pferch hinter dem Haus stehen zwanzig Schafe und ein Kamel; der Esel ist mit einer Last Melonen unterwegs.

Ich möchte wissen, ob ihm etwas zu seinem irdischen Glück fehlt, welche Wünsche er hat. Diese Frage verwundert ihn. Er überlegt und antwortet mit Bedacht: »Allah und meine Frau haben mir zuerst drei Söhne und dann zwei Töchter gegeben: Mutalipp, Abdiwili, Patigul, Zornigal und Abdigini. Es sind gute Kinder und sie sind gesund. Ich habe die Kraft zu arbeiten. Was will ich mehr?«

Und wenn er plötzlich tausend Yuan hätte, ein Erbe vielleicht oder einen Gewinn? Was würde er damit tun?

»Tausend Yuan? Das ist ganz unmöglich, soviel Geld auf einmal! Wenn ich es aber hätte – laßt mich nachdenken – dann würde ich eine Reise machen, nach Kashgar oder Urumtschi. Aber nur bis dahin, weil ich nicht chinesisch spreche und dort keine Freunde habe.«

Die Idee, ins Ausland zu gehen, kommt ihm nicht. Er hat nie etwas von Europa gehört, geschweige denn von Deutschland. Für ihn besteht die Welt aus einer östlichen und einer westlichen Hälfte. Daß wir seine, gerade *seine* Gäste sind, freut ihn so sehr, daß er es bei jedem zweiten Satz betont.

»Seit ich lebe, habe ich in unserer Oase noch nie Menschen gesehen, die unter westlichem Himmel geboren sind. Aber mein Vater hat von großen, reichen Karawanen erzählt und von Männern, die aus eurer Heimat kamen. Sie haben mit ihren Tieren hier Rast gemacht, Wasser und Vorräte mitgenommen und sind weitergezogen in die Wüste. Dort haben sie alte Städte ausgegraben.«

Ob es Aurel Stein war oder Sven Hedin oder beide? Da war er schon wieder, mein Kindheitstraum – unerreichbar fern, ferner denn je!

Es macht Zakir sichtlich Spaß, mit ›Langnasen‹ zu reden und viele Fragen mit Gegenfragen zu beantworten. Zuletzt fällt ihm noch etwas Wünschenswertes ein, das für ihn so wichtig ist wie für uns: »China hat mehr als fünfzig Nationalitäten und alle möchten miteinander in Frieden leben. Ich wünsche mir, daß es so bleibt, auch in den Westlanden.«

Als wir wieder ins Freie traten, waren Wolken aufgezogen, hinter denen sich die Sonne versteckte. Endlich ein bißchen Schatten! Doch Zakirs zufriedene Miene verdüsterte sich. »Hoffentlich regnet es nicht«, sagte er, »sonst haben wir nicht genügend Wasser!«

Ich konnte mir keinen Reim auf diesen Satz machen, wurde aber von Kawul aufgeklärt: »Das ist nur ein scheinbarer Widerspruch. Je heißer die Sonne scheint, desto mehr Schnee und Eis schmelzen in den Bergen und fließen in die Karez, die die Felder bewässern. Ein bedeckter Himmel verhindert das. Regen selbst ist ganz unwichtig.«

Tatsächlich spielt Regen keine Rolle für die Landwirtschaft Sinkiangs. Es fallen ohnehin im Durchschnitt jährlich nur 4 Zentimeter – und an manchen Plätzen verdampfen die Tropfen, ehe sie die Erde erreichen. Die Gletscher des Kunlun und Pamir dagegen liefern das ganze Jahr über Schmelzwasser. Selbst in den glühenden Sommermonaten fegen Schneestürme über die Hochgebirge und sorgen für immer neuen Vorrat.

Die staubigen Straßen Ruoquiangs sind von Pappeln und Birken gesäumt. Wir gingen zurück zum Marktplatz, noch immer gefolgt von einer unentwegten Schar hüpfender, lachender Kinder, die vor Zakirs Haus auf uns gewartet hatten. Aus Schabernack ahmten sie mit den Händen unsere langen Nasen nach, besonders das beachtenswerte Riechorgan von Alois. Er ließ es sich nicht verdrießen und verteilte Luftballons, die ihm unter Jubelgeschrei aus den Händen gerissen wurden und die Zahl unserer Bewunderer noch vergrößerte.

Am Markt flüchteten wir schließlich in »das erste Haus am Platze«, eine herrlich verräucherte Lehmbude, in der am offenen Feuer gekocht und gebruzzelt wurde. Schon bei ihrem Anblick hätte jeder echte amerikanische Tourist die Flucht ergriffen und ein Bad in verdünntem Kaliumpermanganat genommen! Doch es roch so verlockend, daß wir uns für den Abend eine Hammelkeule reservieren ließen.

Am Nachmittag stand ein Besuch beim Bürgermeister auf dem Programm, der die seltenen Zugvögel, die in seiner Oase rasteten, gerne aus der Nähe sehen wollte. Er empfing uns gemeinsam mit seinem Stellvertreter, einem Uighuren wie er, und seinem »Berater«, einem Han-Chinesen, im Rathaus. Wieder wurden wir mit den unvermeidlichen Melonen bewirtet, mit gerösteten Sonnenblumenkernen, mit Gebäck, Datteln und Feigen.

Nachdem wir uns gegenseitig unserer Hochachtung versichert hatten, entschuldigte sich der Bürgermeister mit verlegenem Lächeln für die »unwürdige« Unterkunft, die wir gefunden hatten. »Wir können nichts Besseres bieten«, sagte er, »noch nicht. Wir wollen schon seit Jahren ein modernes Gästehaus bauen, aber ein Krankenhaus war wichtiger.«

Wir teilten diese Meinung, vor allem, als wir hörten, daß 49 Ärzte und Schwestern in dem Hospital arbeiteten und weitere 61 sogenannte »Barfußärzte« in kleineren Orten und bei Nomaden – beachtlich für einen Landkreis von 16000 Menschen. Der Bürgermeister hatte noch mehr Erfolgsziffern zur Hand: In der Stadt gehen alle Kinder zur Schule, auf dem Land 97 Prozent und bei den Nomaden immerhin 75 Prozent. Es gibt fünf Grundschulklassen, drei in der Mittel- und zwei in der Oberstufe. Neuerdings lernen die Schüler ab der dritten Klasse chinesisch als Zweitsprache.

Vom Sozialwesen kam der Bürgermeister ohne Umschweife wieder auf das Thema Gästehaus zurück, im Zeichen des Fortschritts offenbar sein bevorzugtes Projekt. »Es ist geplant, in einigen Jahren die Straße für Touristen zu öffnen. Im Altun-Shan-Gebirge gibt es Wildesel, Büffel, Schneeleoparden und Bären.«

Ich erschrak. Wegen der Touristen, nicht wegen der Büffel und Bären. »Herr Bürgermeister«, sagte ich vorsichtig, »diesen klugen Plan sollten Sie noch gut beraten und überdenken, ehe Sie ihn verwirklichen. Es könnte sein, daß der Schaden für Ihre Stadt größer ist als der Nutzen.«

»Sie meinen, wir sollten kein Gästehaus bauen?«

»Ich meine, mit vielen Touristen wird sich der Lebensrhythmus in der Oase ändern, die Traditionen und die Wertvorstellungen. Es ist ein so schöner, harmonischer Ort mit so liebenswerten Menschen – er sollte bleiben wie er ist: ohne fremde Einflüsse.«

Der Bürgermeister wiegte bedenklich den Kopf, wobei mir nicht klar wurde, ob er verstanden hatte, was ich meinte und ob er es überhaupt verstehen wollte. Wir sprachen ja über zwei Dolmetscher. Schließlich entgegnete er diplomatisch: »Überlegen kann nie falsch sein. Und nun wollen wir uns die Expeditionswagen anschauen!«

Alois und Florian schlugen flugs ein Dachzelt auf, ich kletterte die Leiter hoch und setzte mich auf Matratzen, Hilmar photographierte das Idyll. Staunen und Bewunderung waren groß, besonders als Alois das Triumvirat der Bürgermeister anschließend zu einer rasanten Probefahrt im Rallye-Stil einlud!

Im »ersten Haus am Platze« wurde inzwischen die Hammelkeule zerlegt und auf verschiedene Arten zubereitet, ein zweiter kulinarischer Höhepunkt in Ruoquiang! Wir saßen eng um den einzigen Tisch herum, schmausten und der Wirt strahlte. Ich bin sicher, er erhöhte nach unserer Abreise seine Preise in Anbetracht der Tatsache, daß eine so erlauchte Gesellschaft von Langnasen sein Etablissement erwählt hatte.

Eine Gruppe hübscher junger Mädchen saß am gleichen Tisch. Sie betrachteten uns mit dem gleichen Interesse, wie man exotische Tiere im Zoo ansieht. Sie nippten am Bier, schüttelten sich vor Abscheu, schwatzten, kicherten hinter vorgehaltener Hand und waren liebreizend anzusehen. Unsere Männer betrachteten sie mit Wohlgefallen, einer wie der andere. Hilmar erbot sich, sie am nächsten Tag zu photographieren und ihnen Sofort-Bilder zu schenken. (Ein ganz alter Trick!) Florian bekam glänzende Augen und drehte keck seine Schnurrbartspitzen nach oben. Dai setzte eine so undurchdringliche Pokermiene auf, daß es nur verdächtig wirken konnte.

Und Alois schlug Zhang auf den Rücken und sagte forsch: »Frag mal die Dirndl, ob sie nicht in einem schönen Audi fahren wollen? So ein Angebot gibt's nicht alle Tage – ich tu' was für die Völkerverständigung!«

Zhang verschluckte sich fast, hob den Zeigefinger, und wir sagten alle wie aus einem Munde: »Vergeblich!«

In Ruoquiang leben neben Uighuren eine Reihe weiterer nationaler Minderheiten: Kirgisen, Hui, Tadschiken, Kasachen, Usbeken, Tataren – Stammesgruppen, die oft nur erfahrene Ethnologen auf den ersten Blick voneinander unterscheiden können. Alle sind Moslems, und das fröhlichste Völkchen unter ihnen sind die Uighuren, die Musik, Tanz, Theater und gutes Essen lieben, wie wir selbst in Ruoquiang festgestellt hatten. Zu der Lebenslust wird ihnen auch ein lockerer Lebenswandel nachgesagt, undenkbar in den klassischen Ländern des Islam. Doch in Sinkiang wurden Allahs Gebote noch nie so streng befolgt.

So gibt es neben lebenslangen Ehen auch ›Zeitehen‹, die auf einen Monat, einen Tag – oder auch eine Stunde begrenzt sein können.

Alois seufzte: »Wenn ich nicht ein so treuer Ehemann wäre, könnt' ich glatt auf die Idee kommen, mich noch mal für ein Stünderl zu verheiraten!«

Kawul, der uns zu später Stunde noch in der Karawanserei besuchte, winkte amüsiert ab. Er hatte seine Braut Tunisa mitgebracht, eine bezaubernde Uighurin mit der Figur einer Gazelle und klassisch schönen Gesichtszügen.

Nachdem er ihr etwas ins Ohr geflüstert hatte, lachte sie leise und bedeckte verschämt die Augen mit einer Hand. »Ehen auf Zeit sind sehr selten«, sagte er, »das gibt es nur in großen Städten wie Khotan oder Kashgar. Und selbst da nur bei Studenten, nicht beim Landvolk. Dort sind Mädchen auch billiger.«

»Billiger?« Ich hatte mich wohl verhört.

»Ja, billiger«, bestätigte Kawul ernsthaft, »ich muß sehr lange sparen, bis ich den Brautpreis von 2000 Yuan für Tunisa aufbringen kann.« Er warf ihr einen verliebten Blick zu. »Aber sie ist es auch wert – wer weiß, ob ich ein Mädchen wie sie in Kashgar gefunden hätte. Da nützt es mir auch nichts, wenn ich nur die Hälfte bezahle.«

Wir waren alle verblüfft, auch Zhang und Dai. In der Volksrepublik China haben Frauen – zumindest auf dem Papier – volle Gleichberechtigung, allerdings arbeiten sie auch ohne Unterschied so schwer wie Männer.

Und dann verkauften Eltern ihre Töchter?

»Nein, nein!« Kawul hob abwehrend die Hände. »So dürft ihr das nicht sehen. Der Brautpreis ist nichts als ein gerechter Ausgleich für das, was Tunisas Eltern für sie getan haben: sie hat zwanzig Jahre lang bei ihnen gewohnt und gegessen: Sie haben sie gekleidet und zur Schule geschickt und nicht zur Arbeit, als sie noch ein Kind war. Und jetzt, wo sie selbst Geld verdient und nichts mehr kostet – jetzt komme ich und heirate sie! Ist es da nicht natürlich, wenn ich die Familie entschädige?«

Ja, so betrachtet hatte er recht. Aber eine ›Entschädigung‹ von 2000 Yuan blieb auch mit diesen Argumenten eine stolze Summe für einen jungen Mann, der nur knapp 100 Yuan im Monat nach Hause brachte und davon lebte.

Hatten die Eltern auch ein Wort mitgeredet bei der Verlobung, vielleicht gar die zarten Bande angeknüpft?

»Früher war das so, aber solche alten Ideen gelten bei uns nicht mehr!« Tunisa nickte. Und sagte dann zögernd: »Kawul und ich haben uns beim Tanzen kennengelernt. Meine Eltern mögen ihn so gerne wie ich. Wenn er ihnen nicht gefallen würde, dann – ja, dann – ich weiß nicht – dann wäre ich jedenfalls sehr unglücklich.«

Mit der Hochzeit wollen sich die beiden noch zwei Jahre Zeit lassen. Kawul, Dolmetscher für Chinesisch bei der Kreisverwaltung, hat sich für ein Sprachstudium im fernen Beijing angemeldet. Er möchte zusätzlich Englisch und Japanisch lernen.

Und die schöne Tunisa wartet getreu auf ihn?

»Ohne Zweifel«, sagt er überzeugt, »dazu haben wir uns ja verlobt: Damit kein anderer kommen kann und sie mir wegnimmt. Versprochen ist versprochen!«

9
Von Ruoquiang nach Yühu

Ruoquiang – Aralqi – Aktaz – Tatrang – Quiemo: Ruoquiang war einer der Plätze, an dem ich gerne einen vollen Monat geblieben wäre. Aber ein Monat war uns insgesamt nur für ganz China bewilligt worden – und schon darüber mußten wir froh sein.

Dennoch war ich traurig, als der grüne Streifen der Pappeln und Birken am Horizont verschwand. Unmittelbar danach endete die Vegetation, die Wüste hatte uns wieder. An diesem Tag durchquerten wir eine Landschaft, in der die Spukgeschichten und Legenden vermutlich ihren Ursprung hatten. Zwischen mannshohen Tamarisken ragten einzelne Stämme knorriger Sandweiden empor, trutzig und gespenstisch in dem grauen Sandschleier, der sie umhüllte. Wenn Geister in der Taklamakan wohnten, mußte das ihre Heimat sein!

Unwillkürlich kamen mir Marco Polos Worte in den Sinn: »Etwas sehr Merkwürdiges will ich Euch jetzt erzählen. Folgendes ist bezeugt: Während des nächtlichen Rittes durch die Wüste kann es geschehen, daß einer ein wenig zurückbleibt und sich von seinen Gefährten entfernt. Wenn er sich dann der Karawane wieder anschließen möchte, vernimmt er Geisterstimmen, die zu ihm sprechen und ihn in die falsche Richtung locken. Auf diese Weise sind schon viele spurlos verschwunden und gestorben. Dazu ist noch etwas zu sagen: Sogar am Tag hören die Menschen geisterhafte Stimmen. Nun wißt Ihr, was es heißt, diese Wüste zu durchqueren, wie beschwerlich das ist...«

Die Oasenbewohner fürchten bis zum heutigen Tag die Gefahren der Wüste, das zeigt ein ›Geisterbaum‹, den wir unterwegs sahen: Der verwitterte alte Stamm war mit ausgestopften Schafbälgen behängt, rundherum standen in die Erde gerammte Stecken mit Fetischen, farbigen Kleiderfetzen und Topfdeckeln.

Ein Hirte erklärte später die magische Kultstätte, seine Worte waren eine Bestätigung von Marco Polos Bericht: »Böse Geister locken Menschen und Tiere mit Trugbildern und ihren Stimmen in die Irre. Sie finden kein Wasser mehr und verdursten. In sehr alten Bäumen wohnen schon immer gute Geister, die die bösen mit dem Klappern der Topfdeckel und dem Flattern der Stoffetzen vertreiben.«

Offenbar standen wir unter dem Schutz der guten Geister, die uns bis Quiemo nicht verließen. Wir kamen wieder in flaches Land ohne jedes Wachstum. Der Wind nahm an Heftigkeit zu. Doch an den verwehten Stellen war jedes Mal wie durch Zauberhand ein ›Sandpflug‹ zur Stelle, der uns das Schaufeln ersparte. Nüchtern betrachtet war es das Zeichen einer guten Organisation wie bei uns der Schneepflugdienst.

Unsere beiden *quattros* holperten tapfer durch tiefe, steinige Furten und über öde Grassteppen. In der kleinen Oase *Washixia* überspannte eine halbfertige Brücke den gleichnamigen Fluß. Er war breit, und wir konnten vom Ufer aus nicht erkennen, wieviel Wasser er führte. Als sich Alois gerade daran machen wollte, durchzuwaten, kam eine Bäuerin auf uns zu und redete mit Zhang. Das Gespräch war so holprig wie die Piste, aber er verstand sie. »Die Dame will uns den rechten Weg zeigen«, sagte er, »sie weiß, wo das Flußbett keine Löcher hat, in die wir fallen können, sie bietet an vorauszugehen.«

Wenn das kein guter Geist war!

Unser Einzug in *Quiemo* wurde triumphal, wie nicht anders gewohnt. Die Leute strömten zusammen und starrten uns an, als seien wir Wesen von einem anderen Stern. Schließlich war die ganze Straße blockiert und, von dem Menschenauflauf angelockt, erschien ein Polizist, der uns nach langen Erklärungen höflich ersuchte weiterzufahren.

Eine knorrige Sandweide, ein magischer Baum, soll böse Geister davon abhalten, Menschen wie Tiere in die Irre zu locken.

In einer solchen Landschaft müssen die Spukgeschichten, von denen Marco Polo berichtet, ihren Ursprung haben.

Die Fahrt durch einige Flüsse mit halbfertigen Brücken nährte das Gerücht, die Wagen hätten versteckte Schwimmflossen und Flügel.

Audi-Expedition
08-36772

Kamelkarawanen auf der Seidenstraße gibt es nicht mehr. Dennoch sind die genügsamen Tiere unentbehrlich für die Oasenbewohner: Sie liefern Fleisch, Wolle und Milch.

Die schöne Mär von den Wunderautos eilte uns voraus von Oase zu Oase und lockte noch mehr Schaulustige an als zuvor.

quattro
Audi 100 CS
08-36773

Die Wüste Taklamakan hat viele Gesichter: auf weite Strecken ist sie eine trostlose Einöde.

»Hier kommt ja kein Kamel mehr durch«, entschuldigte sich Zhang wieder einmal und schüttelte den Kopf über die naseweisen Oasenbewohner. Dabei war ihr Interesse nur zu verständlich. Hier passiert nicht viel Aufregendes, es gibt keine aktuelle Tageszeitung, nur wenig Radios, von Fernsehen ganz zu schweigen. Nachrichten werden von einem quäkenden Lautsprecher auf dem Dorfplatz übermittelt. Mit welcher Verzögerung in diesem großen Land zu rechnen ist, mag ein Beispiel zeigen: Als wir siebzehn Tage nach unserem Start in Ruoquiang ankamen, trafen gleichzeitig *China Daily* und andere Blätter mit Berichten von unserer Pressekonferenz in Shanghai ein!

Wir fanden Unterkunft in einer ähnlichen ›Karawanserei‹, wie wir sie schon kannten. Nur der Amban, der Distriktchef Quiemos, war uns nicht so wohlgesonnen wie sein Kollege in der Nachbaroase. Anscheinend hegte er wenig Sympathien für »fremde Teufel«, denn er schickte einen Boten, der ein striktes Photographierverbot überbrachte. Der Ordnungshüter hatte wohl von dem ›Verkehrschaos‹ berichtet, das wir bei der Ankunft unfreiwillig verursachten.

Zhang und Dai marschierten gemeinsam zum Außenamt, unter dem Arm ihre schwarzen Mappen mit dem so geheimen Dokument aus Beijing. Leider erwies es sich hier nicht als Geheimwaffe, denn die hohe Obrigkeit von Quiemo zeigte sich gänzlich unbeeindruckt. Zhang konnte sich das »vergeblich« sparen - sein langes Gesicht verriet alles.

Nun wurde Hilmar aktiv. »Das darf doch nicht wahr sein«, schimpfte er, »nach diesem ewig langen Behördenkrieg kommt so ein Provinz-Paragraphenreiter daher, dem die Erlaubnis aus Beijing noch immer nicht ausreicht. Steht das etwa in dem Papier?«

»Nein«, sagte Zhang, »nichts dergleichen. Ich selbst bin empört über diesen Beamten.«

»Aha, dann wollen wir den Herrn gleich mal heimsuchen. Weißt du, wenn ich wütend bin, wiege ich zwei Zentner!« Zhang schaute irritiert – dieser Satz war ihm bei seiner deutschen Lektüre bisher nicht begegnet.

Auf zum zweiten Gefecht! Und dieses Mal war die Abordnung erfolgreich: Sie hatte sich mit dem widerborstigen Amban auf einen akzeptablen Kompromiß geeinigt. Wir durften uns frei in Quiemo bewegen, photographieren und filmen. Nur die Wagen mußten im Quartier bleiben, weil sie die eigentliche Sensation waren und weit mehr Aufsehen erregten als vier harmlose ›Langnasen‹. Zhang war endlich zufrieden mit sich selbst. »Er ist aufgetreten wie ein Rechtsanwalt«, lobte Hilmar, »und geredet hat er wie ein Wasserfall!«

Der Bazar Quiemos sah aus, als wäre er aus dem Orient hierher verpflanzt worden: Sattler und Flickschuster hämmerten um die Wette, Gewürzhändler priesen ihre Waren an, bunte Kleiderstoffe flatterten über Bambusstangen, ein Zahnarzt mit fußgetriebenem Bohrer wartete am Straßenrand auf Patienten, frisches Fladenbrot lag auf Holztischen.

Wir zwängten uns durch die Menge, die sich immer mehr verdichtete. Jeder wollte uns sehen und möglichst auch anfassen, die Hintersten schubsten die Vorderen, um wenigstens einen Blick zu erhaschen.

»Eine Warnung«, sagte Zhang, der sich große Mühe gab, uns nicht zu verlieren, »hier keine Luftblasen verteilen – sonst keine Ruhe!« Alois nickte, er hatte die begehrten Luftballons ohnehin im Wagen versteckt und ließ zum Ausgleich die Kinder ringsum auf seinen breiten Schultern reiten.

In der Ortsmitte entdeckte Dai ein Schild, auf dem in chinesischer und uighurischer Schrift »Seidenstraße« stand und das in beide Richtungen wies. Die Jugend vergnügte sich auf Holzschaukeln, daneben war eine Kneipe, in der gerade ein Nudelmacher seine artistischen Schwingkünste vorführte. Mit Spürnase hatten wir wieder das »erste Haus am Platze« gefunden!

Im Lehmofen flackerte ein Feuer aus Reisig und Wurzelholz. Der Koch brutzelte in einer rußgeschwärzten Eisenpfanne Hammelfleisch mit Zwiebeln, Knoblauch und Chilis. Sein breites Gesicht glänzte vom Schweiß und er war so sehr bei der

Sache, daß er gar nicht bemerkte, wie wir uns auf den kleinen Hockern niederließen. Erst als sich die Menge immer mehr herandrängte, blickte er auf, sah die ungewohnten Gäste und bediente uns eilfertig.

»Teufel auch«, sagte Alois, »das Zeug riecht himmlisch und schmeckt höllisch scharf – aber guuut!«

Wir waren hungrig, langten kräftig zu, tranken auf die Kochkunst an der Seidenstraße und hatten selten ein so dankbares Publikum, das aufmerksam jeden Bissen verfolgte, den wir in den Mund schoben. So blieb uns Quiemo trotz des unfreundlichen Empfangs in angenehmer Erinnerung, als wir am nächsten Morgen in Richtung Mingfeng starteten.

Auf Teilstrecken war die Straße gut wie vorher, dann wurde sie übergangslos zur Piste; Stroh und Zweige lagen an Stellen, die besonders vom Flugsand gefährdet waren. Vielen unserer Tonbandkassetten konnten wir inzwischen kaum noch einen klaren Ton entlocken, und die Hupen krächzten wie heisere Raben. Das klang zwar unmelodisch, war aber nicht mehr wichtig, weil wir die Radfahrer-Massen schon längst hinter uns im Osten gelassen hatten.

Langweilig wurde uns nie während der Fahrt. »Stell Dir vor, wie gemächlich in alten Zeiten die Karawanen auf dem gleichen Weg entlangzogen«, sagte Hilmar.

Gemächlich? Gewiß – solange die Wüste es gnädig mit ihnen meinte und die bösen Geister nicht ihr Unwesen trieben! Dreißig Kilometer waren Tagesdurchschnitt, ein Rennkamel, dessen Reiter dringende Nachrichten überlieferte, kam auf hundert. Auf diese Weise waren die Karawanen von ihrem Ausgangspunkt Chang'an bis zum Rom der Antike sechs bis acht Jahre unterwegs. Marco Polo hatte es eilig und schaffte die Strecke in dreieinhalb Jahren. Wie schön wäre es gewesen, wenn wir wenigstens ein paar Wochen mehr Zeit gehabt hätten!

Während wir noch redeten, tauchte plötzlich aus dem Schleier eines leichten Sandsturms ein klarer blauer See mitten in der Wüste auf, ringsum bewachsen mit Schilf.

Ich fuhr mir über die Augen. War das eine Fata Morgana? Einmal an böse Geister denken – und schon gaukelten sie uns ein Trugbild vor? Seevögel schwebten in der Luft, zwei Reiter auf Eseln standen am Ufer, ein Boot schwamm im Wasser, niedrige Lehmbauten zeichneten sich in der Ferne ab.

Traum oder Wirklichkeit?

Nein, es war keine Fata Morgana, Hilmar sah es auch – den See, die Vögel, die grasenden Schafe und Ziegen auf einer grünen Weide. Und in keiner unserer Karten war dieses paradiesische Fleckchen Erde eingezeichnet!

»Wollen wir hierbleiben?« fragte Hilmar mit einem Seitenblick auf meine verklärte Miene. Um den Hals hätte ich ihm fallen können vor Glück! Ein halber freier Tag an diesem Platz – das war ein richtiges Geschenk.

Doch allen Leuten rechtgetan, ist bekanntlich eine Kunst, die niemand kann. Während ich innerlich jubelte, knurrte Florian über diesen Entschluß. »Es ist erst zwei Uhr«, sagte er verdrossen, »wir könnten noch viele Stunden fahren und gut vorankommen. Außerdem ist es hier zu windig.«

Das stimmte, konnte aber meine Freude nicht trüben. Zhang und Dai genossen mit mir die unerwarteten Ferien-Stunden, die sie wahrlich verdient hatten. Klaglos machten die beiden unser Vagabundenleben mit, standen vor Sonnenaufgang auf, begnügten sich mit einem mageren Frühstück und verzichteten auf ihr vielgeliebtes »sushi«, ihre Mittagspause, die den Chinesen heilig ist.

Wir schlugen die Dachzelte nahe dem Ufer auf, räumten Tisch, Stühle und Schreibmaschine aus den Wagen. Alois, dem Untätigkeit ein Graus ist, nahm sich vor, *Purpursonne* und *Silbermond* gründlich zu inspizieren. Ich hatte am Vormittag seinen Unmut erregt, weil ich meinem Eichhörnchentrieb nicht widerstehen konnte und statt flott zu fahren, trockenes Holz einsammelte: Ein Lastwagen vor uns hatte immer wieder Stücke seiner kostbaren Fracht verloren. Schließlich sagte er kategorisch: »Jetzt reicht's, der Wagen ist ja vollgestopft bis unter die Decke!« Was ihn nicht hinderte, seinerseits einen gewaltigen Ast aufzulesen und auf das Dachzelt zu wuchten – er war so groß, daß er nicht einmal in einen Avant paßte.

Als hätten wir geahnt, welch idealen Lagerplatz wir heute finden würden! Nun kam uns das gehamsterte Holz gerade recht. Während wir es aufschichteten, liefen aus den Lehmhäusern eine Gruppe von Männern, Frauen und Kindern auf uns zu.

Mit ihnen gab es keine Verständigungs-Schwierigkeiten. Es waren Han-Chinesen, die sich aus ihrer Heimat in der Provinz Shaanxi freiwillig für mehrere Jahre nach Sinkiang verpflichtet hatten. Die ›Brigade‹ bestand aus zwölf Straßenbau-Arbeitern, zwei Fischer-Familien und einer Familie, die für die Ernte von Schilf zuständig war.

Wieder hörten wir – wie schon so oft: »Bei uns waren noch nie ›Langnasen‹! Große Ehre, daß ihr unseren winzigen See als Lagerplatz erwählt habt!«

Winzig war der See tatsächlich nicht, aber es gehörte zum Ritual der Höflichkeit, bescheiden zu untertreiben. Er hieß Yühu, zu deutsch schlicht und einfach ›Fisch-See‹.

Alles, was wir taten, war neu und faszinierend für unsere Gastgeber. Und natürlich auch eine willkommene Abwechslung im täglichen Einerlei an einem so entlegenen Ort. Besonders die Kinder waren entzückt von meinem kleinen Diktiergerät, das ihre Stimmen »einfangen und wieder loslassen konnte«.

Die Frauen brachten getrocknete Brotfladen mit Melonenscheiben, und die Männer fragten: »Wollt Ihr Fische haben, heute frisch gefangen?«

Und ob wir wollten! Die Reuse war ein paar Kilometer weiter nördlich. Alois und Florian fuhren mit den Männern dorthin und brachten einen ganzen Eimer zappelfrischer Fische mit.

»Öfter mal was Neues«, meinte Alois, »zum Beispiel Steckerlfisch in der Wüste am Seeufer!« Er entfachte ein Feuer, groß genug, um einen ganzen Hammel zu grillen. Aber die Hammel hatten Glück und liefen friedlich blökend um unseren Lagerplatz. Niemand wollte ihnen ans Fell.

Der Steckerlfisch war zart und knusprig. Als zweiten Gang hatten die Frauen im Haus Bratfisch in einer delikaten roten Sauce zubereitet, den sie uns gleichzeitig mit einer Einladung zum Abendessen brachten. Den Einwand, wir hätten gerade ein Dutzend Fische verspeist, beachteten sie nicht weiter. »Diese Fische waren Vorspeise«, übersetzte Zhang sichtlich vergnügt, »jetzt kommen Nudeln als Hauptgericht. Können wir nicht ablehnen, die Brigade ist sonst beleidigt.«

Florians Grant legte sich allmählich, und Alois kroch unter die *quattros*, um den Bodenschutz von Sand und eingeklemmten Steinen zu befreien. Hilmar zählte seine Filme, entstaubte die Leicas und ich plauderte mit den Frauen. »Ist es hier nicht einsam für euch, wird euch die Zeit nicht lang?«

Beide verstanden meine Frage erst, nachdem Zhang sie wortreich erläutert hatte. Und auch dann hatten sie wenig Verständnis dafür. Begriffe wie Einsamkeit und Langeweile gab es anscheinend nicht für sie, da sie gar nicht darauf eingingen und von Dingen sprachen, die ihnen wichtiger waren. »Hier ist viel Licht und frische Luft. Die Kinder in Mingfeng lernen erst mit einem Jahr laufen – unsere Kinder können das schon mit acht Monaten. In der Stadt wird man auch leicht krank. Hier nie.« (Mingfeng ist die nächstgelegene kleine Stadt.)

Die Männer schwammen sich mit ein paar Runden im See wieder Appetit an und ich blieb allein an unserem Lagerplatz zurück.

Die Abendstimmung war zauberhaft: Das Wasser färbte sich dunkel und die Wolken hatten einen goldenen Rand von der untergehenden Sonne. Die Seevögel riefen leise, bevor sie einschliefen. Dann wurde die Stille fast spürbar in der zunehmenden Dämmerung.

10
Khotan: »Hier gibt es alles im Überfluß«

Die Wüstenfischer winkten lange hinter uns her, als wir am nächsten Tag weiterfuhren. Der Abschied wurde uns durch dichte Moskitoschwärme leichtgemacht, die sich im Morgengrauen auf uns stürzten. Am Abend hatten uns der frische Wind vom See und der Rauch des Lagerfeuers vor ihrer Angriffslust geschützt.

Bis *Mingfeng* war die Wüste fruchtbar, von Wassergräben durchzogen und von Karez. Wo keine Sonnenblumen gediehen, kein Getreide, kein Obst und Gemüse, wuchs Schilf aus dem Sand.

Ich staunte darüber, denn bisher hatte ich Schilf immer mit viel Feuchtigkeit in Verbindung gebracht. Die Oasenbewohner schätzen es zu mancherlei Zwecken – zum Dachdecken, Flechten von Matten, als Einstreu für das Vieh im Winter und, kleingehächselt, als Futter für die anspruchslosen Kamele und Esel.

Große Schaf- und Ziegenherden weideten zwischen den Feldern, und zum ersten – und einzigen – Mal in China hoppelte mir ein Hase fast vor die Räder. Die Straße war mit besonders grobem Schotter aufgeschüttet und jeder Stein, der dröhnend an die Unterseite von *Silbermond* schlug, tat mir weh.

Nach dem ersten Hasen sahen wir in Mingfeng die ersten verschleierten Frauen und kurz danach auch die ersten großen Kamelherden mit etwa fünfzig Tieren, die uns mit wiegenden Schritten entgegenkamen, im gleichen Rhythmus, in dem sie schon vor mehr als tausend Jahren über die alte Seidenstraße gezogen waren. Wir durchquerten einen Ort mit dem unaussprechlichen Namen *Yawatongguziangar* und begegneten am Flußufer im Schatten einer Weidenhecke wandernden Kirgisen, die hier rasteten. Es waren zwölf Männer und eine Frau. Ein Feuer brannte in ihrer Mitte, die Frau knetete Teig und klatschte Fladen davon auf heiße Steine.

Wir stiegen aus und begrüßten sie. Der Gruß wurde freundlich erwidert, ansonsten nahmen sie kaum Notiz von uns – als kämen alle Tage zwei Audi hier vorbei. Gelassen setzten sie ihre Mahlzeit fort, brachen die Brotfladen in Stücke und tunkten sie in Emaille-Becher mit einer Flüssigkeit. Ein hochgewachsener Mann mit Karakulmütze winkte mir und ließ mich kosten: Es war eine scharfe Fleischbrühe und schmeckte gut.

Zhang und Dai gaben sich redlich Mühe mit einer Verständigung, doch Kirgisisch stand nicht auf ihrem Lehrplan. Hilmar knüpfte wesentlich bessere Kontakte mit Polaroid-Bildern. Diese Zauberei mit einem kleinen schwarzen Kasten beeindruckte sie tief.

Vor der nächsten Oase war die Straße an einem ausgetrocknetem Flußbett seitlich eingebrochen, nur ein schmaler Steg blieb übrig. Alois und Florian erkundeten die Möglichkeiten, seitwärts in die Wüste abzubiegen. »Da geht gar nichts, nicht mal für einen quattro«, sagten sie, als sie zurückkamen, »der Sand ist viel zu locker.«

Als wir noch überlegten und nach einem Ausweg suchten, rückte eine Gruppe von Männern mit Schaufeln und Spaten an und begann zu reparieren. Sie wälzten dicke Steine herbei, klebten feuchten Lehm dazwischen, streuten Sand darüber, wiederholten das Ganze – und nach einer Stunde war der Schaden behoben.

Während wir warten mußten, scharten sich die Schaulustigen um die Wagen. Nur waren dieses Mal nicht wir Gegenstand des Interesses, sondern die schönverzierte Koranseite und ein Bild des Propheten Ali hinter den Scheiben des *Silbermondes*. Immer wieder streckten uns die frommen Moslem Geldbündel entgegen und deuteten bittend darauf. Wären wir nicht gerade in dieser Gegend so auf den Schutz Allahs angewiesen gewesen, hätten wir beides gerne verschenkt. Wenig später verließen uns alle guten Geister, die bisher unsichtbar um uns geschwebt waren und uns behütet hatten:

In ähnlichem Kopfputz versteckt brachte eine chinesische Prinzessin Seidenraupen-Kokons nach Khotan. – Junge Mädchen in alten Gewändern posieren im kaiserlichen Sommerpalast Beijings.

Bei einem Hochzeitsmahl werden viele Gäste bewirtet. Als Kochlöffel für die großen, gußeisernen Kessel dient eine Schaufel.

Wir stärken uns an Hammel-Khabab, frisch zubereitet am Holzkohlenfeuer. Das Staunen ringsum ist beachtlich – »fremde Teufel« auf der Seidenstraße haben noch immer Seltenheitswert.

Im schattigen Innenhof des Hauses knüpft die Familie Amanahun ihre Teppiche in Heimarbeit.

Ein Riesenteppich – bestellt von der Zentralregierung in Peking.

Seide von der Seidenstraße – begehrt wie einst im alten Rom.

Frauen können ihre Kinder mitbringen zur Arbeit in der Teppich-Manufaktur.

Bei der *Purpursonne* blinkte ein rotes Warnlicht auf, die Lenkung war nicht mehr präzis, die Bremsen griffen schlecht und die Bodenfreiheit verringerte sich drastisch. Ein scharfkantiger Stein hatte die Hydraulikleitung zerschlagen. Alois fluchte wie ein Droschken-Kutscher.

»Daheim hab ich eine ganze Kiste mit Ersatzteilen einpacken lassen – und ausgerechnet keine Hydraulikpumpe! Verdammt nochmal!« Zhang und Dai waren über das Malheur, verbunden mit dem urgermanischen Wutausbruch, verschreckt. »Vergebens?« fragte Zhang behutsam.

Und ich fragte ganz direkt: »Soll ich dich abschleppen?«

Das hätte ich besser bleiben lassen. Alois wurde noch wütender über diese Zumutung.

»Sonst noch was! Am Abschleppseil nach Khotan – kommt gar nicht in Frage!«

Wenn aber eine Reparatur an Ort und Stelle unmöglich war? »Ich versuch's einfach so, langsam und vorsichtig. Es kann ja nicht mehr als schiefgehen. In Khotan sehen wir weiter.«

Zum Glück war die Straße auf der letzten Strecke nicht nur gut, sondern sogar asphaltiert, und so landeten wir wohlbehalten, wenn auch angeschlagen im wahrsten Sinn des Wortes.

Als Marco Polo in Khotan Rast machte, stellte er fest: »Es gibt alles im Überfluß.« Demnach hatte die Stadt vor 700 Jahren schon bessere Tage gesehen... Heute ist sie eine reizlose Wüstenstadt mit quadratischen Betonklötzen von Häusern. Berühmt wurde Khotan im vorigen Jahrtausend durch drei Dinge: Jade, Teppiche und Seide.

Wie das streng gehütete Wissen um die Herstellung des kostbaren Stoffes vom fernen Kaiserhof Chang'an hierhergelangt ist, wird in zwei Versionen geschildert. Die erste besagt, daß nestorianische Pilger 550 n. Chr. in hohlen Wanderstäben Maulbeersamen und Seidenraupenkokons nach Westen geschmuggelt haben. Die zweite Version ist romantischer: Ein König von Khotan hielt um die Hand einer chinesischen Prinzessin an, und der Herrscher in Chang'an versprach, diese Bitte als Zeichen seiner kaiserlichen Huld zu erfüllen. Darauf ließ der König die Auserwählte wissen, in seinem Wüstenreich gäbe es leider keine Seide – und die junge Braut, die auf anmutige Seidenroben nicht verzichten wollte, brachte heimlich Samen und Kokons mit.

Wie sie das machte, ist auf einem Bild im Britischen Museum zu sehen, das Sir Aurel Stein 1914 in einem antiken Gemäuer bei Dandan Olik, unweit von Khotan, ausgegraben hat: Eine Hofdame deutet auf den Kopfputz, in dem die Prinzessin die Morgengabe für ihren künftigen Gemahl versteckte.

Die List hatte Erfolg und das Geheimnis war von da an keines mehr. In Khotan entwickelte sich eine eigene Seidenproduktion und das Wissen um die Herstellung drang entlang der Seidenstraße immer weiter vor. Bald wußten die Inder, die Perser und zuletzt auch die auf Seide versessenen Römer, wie sie gewebt wird und wie man Seidenraupen züchtet. So trug das Schmuggelgut einer eitlen jungen Dame zum Niedergang der Seidenstraße mit bei. Ihre Glanzzeit war längst vorüber, als Marco Polo nach China kam.

Es gibt auch heute noch Seidenfabriken in Khotan, doch sie haben nicht mehr die Bedeutung von einst. Wir besuchten eine dieser Fabriken, die 1954 ihre Produktion aufnahm und 1500 – fast ausschließlich weibliche – Mitarbeiter beschäftigt. In den Fabrikhallen hängen Parteiparolen und Spruchbänder mit der Aufschrift: »Besser verwalten und mehr üben, um Produktion und Qualität zu verbessern.« 65 Tonnen Rohseide waren in den ersten acht Monaten dieses Jahres schon fertiggestellt und 900 000 Meter Stoff.

Der Betrieb machte keinen guten Eindruck. Die Maschinen waren veraltet, der Lohn karg, die stickige Hitze erdrückend. Die Frauen und Mädchen nahmen uns kaum wahr, blickten starr und angestrengt auf die Geräte, die Seidenfäden von den heiß eingeweichten Kokons abspulten – drei- bis viertausend Meter je Kokon.

Die Produktionsleiterin, eine grauhaarige Chinesin mit strenger Knotenfrisur, sah, daß wir kritische Bemerkungen machten. Eilfertig versicherte sie, der Betrieb werde bald modernisiert und die Arbeitsbedingungen erleichtert.

Ich wollte wissen, wodurch die sehr unterschiedliche Qualität von Seide bestimmt wird. »Von mehreren Dingen«, erläuterte sie, »in erster Linie von guten Kokons. Um sie zu erhalten, ist die Erfahrung von Generationen nötig und ein geeignetes Klima. Erfahrung ist am wichtigsten. Bei der Endproduktion natürlich auch Handfertigkeit und gleichmäßige Arbeit.«

Jeder von uns bekam ein paar Kokons und ein Stückchen Seide zum Abschied. Als wir wieder unter freiem Himmel standen, fühlten wir uns erleichtert.

In der staatlichen Teppichmanufaktur Khotans ist die Atmosphäre ungleich besser: Sie hat nur ein Drittel der Mitarbeiter, ist weniger straff organisiert und Maschinen sind verpönt. Frauen dürfen ihre Kleinkinder mitbringen, die neben den Webstühlen spielen und zwischendurch gestillt werden. An einem Riesenteppich von zwölf Metern Länge, der von der Zentralregierung in Beijing geordert ist, arbeiten vierzehn Leute, die Männer im Unterhemd, auf dem Kopf das traditionelle Dop Pa (Käppchen), die Frauen in leichten Kleidern, Seidentücher über den langen Zöpfen. Sie saßen auf einer verstellbaren Holzgalerie, winkten uns von oben zu, redeten und lachten.

Daß die Teppich-Manufaktur so viel kleiner ist als die Seidenfabrik liegt daran, daß viele Teppiche in Heimarbeit hergestellt werden, über tausend private Knüpfereien gibt es allein in Khotan.

Eine davon betreibt die uighurische Familie Amanahun, die auf den Besuch von ›Langnasen‹ gar nicht vorbereitet war, uns aber mit freundlicher Selbstverständlichkeit in ihr Haus einlud.

Der Vorhof war mit einem Spalier überdacht, die reifen Trauben hingen dicht beisammen und der achtzigjährige Vater kletterte behend eine Leiter hoch, um einen Korb voll für uns zu pflücken. Die Gastlichkeit der Uighuren geht zu Herzen: »Greift zu und fühlt euch wohl«, sagte der Vater, »unser Haus ist euer Haus.«

Alois entdeckte in einem Nebenraum einen Läufer in weichem Braun mit hellen Schilf- und Elfenbeintönen. Sein ungewöhnliches Format zeigte, daß er für einen Aivan, die uighurische Sitzbank, gedacht war: knapp fünf Meter lang und siebzig Zentimeter breit. Er soll verkauft werden und 315 Yuan kosten. Die Familie hat drei Monate lang täglich zehn Stunden daran gearbeitet. Alois wiederholt den Preis fragend – nein, er hat sich nicht verhört: 315 Yuan. Mutter Hornisa, die Meisterin, nimmt die Geldscheine ehrfürchtig mit beiden Händen entgegen, ohne sie nachzuzählen. Sie ist ganz offensichtlich zufrieden mit dem Geschäft, von dem sie 10 Prozent Steuern abgeben muß.

»Unsere Familie lebt schon immer an diesem Platz, schon die Eltern meiner Eltern«, sagt sie auf unsere Fragen und wehrt bescheiden ab, als ich ihre Kunstfertigkeit lobe: »Das kann hier fast jeder. Ich habe es von meinem Vater gelernt, meine Töchter lernen es von mir.«

Außer den Töchtern Patigul und Patamkan knüpft noch ein Mädchen aus der Nachbarschaft an einem großen Wollteppich mit Blumenmustern in sehr lebhaften Farben. Als Hornisa uns zum Eingangstor begleitet, sitzen die Drei schon wieder nebeneinander auf ihren Hockern und arbeiten weiter.

Khotan-Teppiche haben eine lange Tradition. Schon Xuan Zang, der Indienpilger der Tang-Dynastie, berichtet davon, und in vielen Wandmalereien der Höhlentempel entlang der Seidenstraße ist die Kunst des Teppichknüpfens dargestellt, auch in Dunhuang. Die alten Khotan-Teppiche waren berühmt für ihre klaren Farben und typischen Muster: eine Mischung aus den geometrischen Formen Afghanistans und der geschmeidigen Darstellung von Blumen und Blütenranken der Oasen. Als drittes Element kamen oft chinesische Wolkenbänder dazu und daraus entwickelte sich ein eigener Stil. Heute sind antike Khotan-Teppiche seltene und gesuchte Sammlerstücke in aller Welt. In Khotan selbst gibt es keine alten Teppiche mehr, wohl aber neue, die mit großer Präzision und Kunstfertigkeit den alten nachgearbeitet sind. Wir trauern noch jetzt einem dieser schönen Stücke mit feinster Knüpfung nach, das wir nicht mitnahmen, weil wir zu wenig Yuan bei uns hatten. Das Wechseln in Khotan war schwierig, und wir scheuten den weiten Weg zur Manufaktur ein zweites Mal.

In der Rückschau kann ich mir diese Kurzsichtigkeit nur als milde Form von Tropenkoller erklären. Es war eine so einmalige Chance – und wir ließen sie uns entgehen. Die Hauptschuldige bei dieser Unterlassungssünde war ich, denn Hilmar bekam schon am ersten Tag in Khotan hohes Fieber, ließ sich aber dadurch nicht von der Arbeit mit der Kamera abhalten. Die Motive in der Manufaktur und bei der uighurischen Teppichknüpfer-Familie waren prächtig, lohnten die Mühe, kosteten jedoch viel Kraft.

In Khotan hatten wir die zweite Reifenpanne, zu meiner Genugtuung dieses Mal bei der *Purpursonne*, die Alois fuhr. Er sagte ein unfeines Wort und ich lächelte sanft. Jetzt waren wir quitt!

Während er den Reifen wechselte und sich mit der defekten Hydraulikpumpe abplagte, kam ein europäisch aussehender junger Mann auf uns zu. Er studierte die Aufkleber AUDI-EXPEDITION SEIDENSTRASSE, schüttelte den Kopf und sagte in amerikanischem Englisch: »Es gibt doch sehr seltsame Zufälle!«

»Zufälle – das finde ich auch«, pflichtete ich ihm bei, »wie kommen Sie denn hierher? Ist nicht die Südroute der Taklamakan für Langnasen verboten?«

»Ist sie, aber Ausnahmen bestätigen die Regel. Ich heiße Justin Rudelsen und bin Geologe. Mit dem Zufall meine ich allerdings nicht mich. Haben Sie schon mal was von Harry Rutstein gehört?«

Ich verneinte.

»Harry macht das Gleiche wie Sie – nur umgekehrt. Sie haben ihn genau um einen Tag verpaßt.«

Nun verstand ich gar nichts mehr und Justin erklärte mir die ungewöhnliche Situation: Harry Rutstein ist Amerikaner wie er und versuchte seit zehn Jahren, Marco Polos Weg von Venedig bis Peking nachzuvollziehen. Immer wieder hatten Politiker mit Kriegen und geschlossenen Grenzen seine Pläne durchkreuzt und verzögert. Das letzte große Hindernis war der Khunjerab-Paß zwischen Pakistan und China – und dieses Hindernis hatte er gerade genommen.

Eine schöne Bescherung! *Unser* Ziel war es gewesen, die Ersten zu sein, die am Steuer von Personenwagen den Khunjerab überquerten und nun...

Justin beruhigte mich: »Ihr *seid* die Ersten! Harry kam mit einem pakistanischen Leih-Jeep auf die Paßhöhe und wurde da von den Chinesen abgeholt. Er fährt gar nicht selbst, deshalb ist es auch kein Konkurrenz-Unternehmen. Welcher Spaß, wenn ihr euch hier in Khotan über den Weg gelaufen wärt! Aber Sven Hedin und Aurel Stein waren auch zur gleichen Zeit in der Taklamakan und haben sich verfehlt.«

»Die beiden *wollten* sich ja auch nicht treffen«, lachte ich, »das war doch ein Wettlauf um die besten Fundstücke!«

Wir rechneten zurück und stellten fest, daß Harry Rutstein an uns vorbeigefahren sein mußte, während wir unser Lager am Yühu aufgeschlagen hatten. Nun wohnten wir in ›seinem‹ Zimmer und hatten auch im weiteren Verlauf der Reise fast immer das gleiche Quartier wie er. Es schien, er war auch als »hoher Beamter« unterwegs!

Am Abend erzählte Justin von sich selbst: Er hatte ein Jahr in China gelebt, mehr als die Hälfte in Urumtschi, um geologische Untersuchungen anzustellen. Er sollte im Auftrag seiner Universität herausfinden, ob sich israelische Modelle, die Wüste in fruchtbares Land zu verwandeln, auf die Taklamakan übertragen ließen. Für diese Aufgabe hatte er in Beijing außer kantonesisch auch uighurisch gelernt »und ein bißchen mandarin«. Wir konnten uns selbst überzeugen, wie gewandt er sich unterhielt – Justin war auf diesem Gebiet ein würdiger Nachfolger des französischen Sprachgenies Paul Pelliot, einem der »fremden Teufel« auf der Seidenstraße.

Nun hatte er seine Arbeit abgeschlossen, machte noch ein paar Tage Ferien und wollte dann über Hongkong zurück in die USA fliegen. »In Hongkong werde ich alle zwei Stunden einen Hamburger essen und hinterher Icecream«, sagte er genießerisch. »Dabei rühre ich das Zeug sonst nie an! Aber nach einem Jahr chinesischer Küche wird das eine reine Wonne!«

Solcherlei Gelüste verspürten wir nicht; für uns hatte die Vielfalt der chinesischen Küche ihren Reiz noch lange nicht verloren. Auch Marco Polo muß sich in der Gegend um Khotan sehr wohlgefühlt haben, nicht nur in kulinarischer Hinsicht. Er widmete ihr gleich mehrere Kapitel. Neben der Feststellung »Es gibt alles im Überfluß« schrieb er: »Die Einwohner leben nach dem Gesetz Mohammeds. Baumwolle wächst hier. Die Leute züchten Weintrauben, pflegen ihre Güter und die vielen Gärten. Sie sind Händler und Handwerker, keine Soldaten.«

In Khotan wurde er auch mit der lässigen Seidenstraßen-Moral bekannt, die uns durch die Wortgeplänkel Alois-Zhang ein imaginäres Haustier beschert hatte, das uns treulich begleitete: die Grille! Der venezianische Weltenbummler berichtete: »Wenn ein Mann auf Reisen geht und seine Frau länger als zwanzig Tage alleine läßt, darf sie mit einem anderen zusammenleben. Und der Ehemann hat während seiner Reise dasselbe Recht – bis zur Heimkehr.«

Als tüchtige Kaufleute, denen der Handel entlang der Seidenstraße ein Vermögen einbrachte, erwarben Marco, sein Vater Nicolo und sein Onkel Maffeo in Khotan mehrere Kamelladungen der berühmten Jade, die sie weiter östlich mit reichem Gewinn wieder verkauften.

Das wertvolle Gestein wird vor allem in den Schluchten des Kunlun-Gebirges gefunden oder aus dem Fels gebrochen. Wer es in Flußbetten sucht, wartet auf den Mond. Stellen, die nicht im Schatten liegen, sondern von seinem Licht erfüllt sind, gelten als sichere Plätze. Deshalb hat Jade auch den Beinamen »zu Stein kristallisierter Mondschein«.

Jade ist so hart, daß kein Messer sie zu ritzen vermag. Dennoch werden Kunstwerke daraus geschaffen, erlesene Stücke, deren Glanz und Schönheit das Auge bezaubern. Die Farbpalette geht von lichtem Grünweiß bis zu sattem Dunkelgrün. Rein sind diese Farben fast nie, was ihren Wert nicht mindert, sondern ihren besonderen Reiz ausmacht. Die Jadeschnitzer nutzen die verschiedenen Einsprengsel und Tönungen geschickt bei der künstlerischen Gestaltung.

Hilmar und ich erwarben in Khotans Jade-Schleiferei ein helles, fein gearbeitetes Gefäß für Räucherstäbchen und eine grazile Mädchenfigur mit zarten Gesichtszügen, die in einer Hand eine Blüte hält und in der anderen einen Fächer. Ihr weich fließendes Gewand war deutlich den ›fliegenden Apsaras‹ nachempfunden, den anmutigen Fabelwesen von Dunhuang. Vielleicht sollte sie auch die kaiserliche Prinzessin darstellen, die einst in ihrem Krönchen versteckt die ersten Seidenraupenkokons nach Khotan brachte – eine Vorstellung, die der Phantasie überlassen bleibt.

Prunkstück in dem Ausstellungsraum der Schleiferei war ein Räuchergefäß, wesentlich größer als unseres, in dunkelglänzendem Moosgrün. Es war mit zahllosen kleinen Jaderingen verziert, deren Anfertigung besonders viel Geduld und Fingerspitzengefühl erfordern. Durch ein Mißgeschick war einer der Ringe zerbrochen, was kaum auffiel, aber nicht zu reparieren war. Der stolze Preis von 10000 Yuan wurde deshalb auf 5000 gesenkt. In bin sicher, das Meisterwerk hat inzwischen längst in Hongkong, Tokio oder New York einen Liebhaber gefunden, der das Fünf- oder gar Zehnfache dafür gegeben hat.

Nicht nur im Ausland ist Jade begehrt wie einst die kostbare chinesische Seide, die längst in aller Welt hergestellt wird. Die besten Jadesteine aber kommen noch immer aus den Bergen um Khotan. Die verschiedenen Sorten haben phantasievolle Namen: Die dunkelgrünen Steine heißen »Spinatjade«, die blaßweißen »Hammelfettjade«, die lichtgrünen »Kohljade«.

An ihrer Beliebtheit im Land selbst hat sich seit Jahrtausenden nichts geändert – den meisten Chinesen sind sie mehr wert als Gold, zumal sie übernatürliche Kräfte besitzen und Krankheiten verhindern sollen.

Als Zaungäste bei einer uighurischen Hochzeit bekamen wir einen Begriff davon: Die Mitgift der Braut bestand – neben vielerlei praktischen Dingen für den neuen Hausstand – in einer kunstvoll geschnitzten Jadefigur. Justin Rudelsen spielte Dolmetscher und fand heraus, daß sich die Eltern auf Jahre dafür verschuldet hatten. Sie erzählten das nicht etwa verschämt, sondern mit sichtlichem Stolz und als Beweis für die Großzügigkeit, mit der sie ihre Tochter ausstaffierten.

»So spendabel sind nur wenige Eltern«, meinte Justin amüsiert, »aber bei dieser Hochzeit haben sie einen besonderen Grund: Die Braut ist so häßlich, daß sich sonst kein Freier gefunden hätte! Ich wette, der Bräutigam mußte für sein häusliches Glück keinen einzigen Yuan berappen – das ist gewissermaßen ein Sonderangebot!«

Am Tag vor der Weiterreise hatte es Alois geschafft: Die Hydraulik-Pumpe funktionierte wieder, als sei sie neu. Im Gegensatz zu dieser mühseligen Reparatur war es geradezu ein Vergnügen, den dritten platten Reifen zu flicken! Dieses Vergnügen hatten wir in *Yecheng*, zu deutsch »Blätterstadt«, unserer nächsten Station.

Zhang quartierte uns zur Abwechslung wieder einmal in einer »Herberge für durchreisende Beamte« ein. Hilmars Rang als höchster Beamter verschaffte uns beiden das Zimmer Nummer eins mit dem wohlbekannten breiten Bett und den dicken Matratzen. Alois und Florian wohnten gleich neben uns. »Etwas rangniedriger«, erläuterte Zhang. »So ist die Abstufung – nur einer kann der höchste Beamte sein!« Am nächsten Morgen fanden beide übereinstimmend, sie hätten auch schon besser geschlafen: Sie waren in einem Raum für mittlere Beamte untergebracht!

Diese ländlichen Herbergen am Südrand der Taklamakan sind zwar für wohlstandsverwöhnte Mitteleuropäer etwas karg, doch blitzsauber und sehr angenehm. Der mangelnde Komfort wird durch die freundliche Betreuung der Gäste mehr als wettgemacht. Es gibt nur einen wunden Punkt – die sanitären Anlagen. Sie liegen in einiger Entfernung von den Schlafräumen und sind symbolisch mit zwei chinesischen Schriftzeichen markiert, die »Kraftfeld« für Männer und »Frau mit Spindel« für weibliche Wesen bedeuten.

In den ›Örtlichkeiten‹ haben jeweils mehrere Personen Platz, Trennwände zwischen den ›Schießscharten‹ im Betonboden gibt es nur selten. In der Grube darunter gackern erwartungsfroh die Hühner, manchmal vergeblich, denn die Treffsicherheit der Benutzer läßt häufig zu wünschen übrig. Ich konnte mich während der ganzen Fahrt nicht an die Häuschen gewöhnen, machte einen weiten Bogen um sie und verschwand lieber irgendwo in der Wüste.

11
In Kashgar gehen die Uhren anders

Auf dem Weg von Yecheng nach Kashgar wurden zum einzigen Mal die Führerscheine kontrolliert, genauer: einer wurde kontrolliert. Ich schaute so unschuldig drein, daß die Polizisten nur die Papiere von Alois sehen wollten. Wen die Ordnungshüter hierzulande ohne gültigen Führerschein erwischen, den erwartet eine drakonische Strafe: Der Wagen wird sofort konfisziert, und der Sünder bleibt auf der Straße stehen, auch wenn's mitten in der Einöde ist. Wie er weiterkommt, ist seine Sache.

Die letzten zweihundert Kilometer bis Kashgar waren eine Spazierfahrt auf ausgezeichneten Asphaltstraßen, von Teilabschnitten mit grobem Schotter abgesehen. Wir fühlten uns ähnlich wie Pferde, die den Stall riechen. Wie mag es da erst den Karawanen auf der Seidenstraße ergangen sein, die an diesem Platz die Tücken und Gefahren der Taklamakan endgültig hinter sich hatten, aufatmen und sich von den Strapazen erholen konnten!

Zu unserer Verblüffung erfuhren wir in *Kashgar*, daß die halbe Stadt schon vor unserer Ankunft Bescheid über die Test-Fahrt wußte: Einmal durch Zeitungsberichte, zum anderen durch Lastwagenfahrer, die Tag und Nacht unterwegs waren. Von ihnen stammte die erstaunliche Mär, unsere *quattros* seien Wunderautos, die schwimmen und fliegen könnten!

Kein Dementi nützte – die Leute glaubten an die Wunderautos und ließen sich durch nichts davon abbringen. Das Gerücht ging von den Brotverkäufern zu den Hutmachern, von den Schneidern zu den Schuhputzern, von den Silberschmieden bis zu den Mullahs.

»Ich weiß schon, daß es ein Geheimnis ist«, meinte ein Bazarhändler listig, »ihr wollt es nur nicht zugeben. Aber ihr könnt es auch nicht abstreiten, sonst wärt ihr nie von Shanghai bis hierher gekommen – ihr habt ja sogar eine Nummer von dort! Ich kenne die Strecke in Sinkiang, die Sandverwehungen, die Flüsse ohne Brücken, *mich* könnt ihr nicht reinlegen! Solche Wagen sind keine Jeeps!« Demonstrativ deutete er auf *Silbermond* und *Purpursonne* und das versammelte Publikum nickte bestätigend.

Zhang und der uighurische Zwischen-Dolmetscher Abdhulla schnappten nach Luft, bis sie seinen Wortschwall übersetzt hatten. Wir versuchten zu erklären, was Vierradantrieb ist, doch der Händler hörte gar nicht zu. Er deutete auf den Tachometer und trumpfte auf: »Hier steht 220 – so schnell kann kein Auto fahren!«

Noch ehe wir etwas entgegnen konnten, faßte er Hilmar vertraulich am Arm und drängte: »Mir könnt ihr's doch verraten, ich sag's auch nicht weiter. Ich möchte so gerne wissen, wo die Schwimmflossen rauskommen bei diesen Autos und wo die Flügel!«

Unsere beharrliche Weigerung, Schwimmflossen und Flügel auszufahren, machte das Gerücht nur umso glaubwürdiger. Es führte dazu, daß wir in Kashgar, einer inzwischen offenen Stadt, noch mehr von Neugierigen umringt wurden als bisher. Wenn wir die Wagen im Zentrum vor der Id-Kah-Moschee parkten, waren nach Minuten nur die Dachzelte und die daraufgepackten Reservereifen zu sehen – die Autos gingen in der Menschenmenge unter.

Wir fanden die Vorstellung der Schwimmflossen und Flügel lustig, und ich riet Alois in Ingolstadt einen Verbesserungsvorschlag einzureichen – für die fernöstliche Version des Audi, denn es schien, daß sich so wundersame Geschwindigkeiten wie 220 Kilometer in der Stunde auf chinesischen Straßen nur durch Fliegen und Schwimmen erreichen ließen!

Während wir im Schneckentempo versuchten, die Wagen durch den Volksauflauf zu manövrieren, ohne jemand über die Zehen zu fahren, erklang über uns

Nudelmacher zeigen ihre Schwingkünste in ganz China, auch in der entlegenen Provinz Sinkiang.

Schon im Morgengrauen treffen die ersten Eselkarren in Kashgar ein: Jeden Sonntag findet hier »der größte Markt der Welt« statt.

Rund 40 000 Menschen versammeln sich auf einem weiten Platz außerhalb der Stadt – buntes Treiben in einer orientalischen Welt, in der kaum etwas an China erinnert.

Viele der Händler sind würdevolle alte Männer mit biblischen Gesichtern. Sie tragen lange schwarze Mäntel und auf dem Kopf Samthüte mit Nerzrand.

Hier bleibt niemand hungrig: Der Duft von gebratenem Fleisch und exotischen Gewürzen lockt die Kunden an die Imbißstände.

Melonen – Melonen – fünfzig verschiedene Sorten gibt es in Sinkiang, in allen Farben, Größen und Geschmacksrichtungen. Die Hami-Melonen sind am beliebtesten.

»Sushi«, die vielgeliebte Mittagspause der Chinesen, ist auch diesem Eierhändler auf dem Sonntags-Markt Kashgars heilig.

Zwischen Kashgar und Taxkorgan begegneten wir den ersten kirgisischen Nomaden.

schrill der Lautsprecher vom Minarett – ein Zeichen dafür, daß wir wieder in der Zivilisation gelandet waren. Noch am Vorabend in Yecheng rief der Mullah lautstark seine Schäflein zum Gebet. Ohne Tonband und Technik verließ er sich auf die eigene Stimmgewalt – in der Welt des Islam heute eine Seltenheit.

Es gab vielerlei Anzeichen dafür, daß wir nun in einer ›offenen Stadt‹ waren, die auch Touristen zugänglich ist: Desinteresse bis zur Unfreundlichkeit beim Einkaufen und an den kleinen Imbißständen, spürbare Animosität gegen Ungläubige. Die Toleranz und die Liebenswürdigkeit der ›geschlossenen Orte‹ gab es nicht mehr. Dafür rufen die Kinder, sobald sie den Mund aufmachen können: »Hallo – okay – Baby – Amelika« hinter jeder ›Langnase‹ her. Neckelmann und Lummenigge fehlen noch in dem Repertoire, folgen aber sicher bald.

Zumindest kann man den Kashgaris (bis jetzt) nicht nachsagen, sie seien geldgierig geworden als Folge des anlaufenden Tourismus. Ich hatte das Gefühl, sie verkauften lieber weniger und billiger an einen ihrer Leute als mehr und teurer an einen »fremden Teufel«. Die meisten von ihnen sind wohlhabend und können sich diese Haltung leisten, die auch durchaus wert ist, respektiert zu werden. Zumal, wenn man bedenkt, daß die Vorfahren dieser kleinen Händler weitgereiste Kaufleute waren, reich geworden an Geld und Erfahrungen durch die Seidenstraße. Das Handelsmonopol lag damals bei den asiatischen Völkern.

Die Polos waren die ersten Kaufleute aus dem Abendland gewesen, von denen bekannt ist, daß sie bis zum Hofe des Kaisers vordrangen und das war bereits *nach* der Blütezeit der Ost-West-Verbindungen. Umgekehrt hat nie ein chinesischer Händler Seidenballen oder Jade bis ins Römische Reich gebracht. Der Transport lief über Zwischenhändler, die die Waren kauften und verkauften, sie von einer Oase zur anderen transportierten und sich auch nicht scheuten, bis in die »Barbarenländer« zu ziehen. Wo aber die Karawanen Tiere und Güter austauschten, wer die übernahm – das blieb ihr Geheimnis. Sie bewahrten es so gut, daß die Chinesen selbst Jahrhunderte lang nicht einmal die Endstation Rom dem Namen nach kannten. Die schlauesten dieser Zwischenhändler waren Uighuren und sie lebten in Kashgar.

Handel war ein magisches Wort, ist es und wird es bleiben, weil Handel einfach in der Natur der Kashgaris liegt.
Nicht umsonst findet allwöchentlich in Kashgar der größte Markt der Welt statt: Auf einem riesigen offenen Platz außerhalb der Stadt versammeln sich schon im Morgengrauen vierzig- bis fünfzigtausend Menschen! Endlose Züge von Eselkarren, Kamelen, Pferden, Schafen, Ziegen und Kleintraktoren reihen sich auf. Es ist *das* Ereignis, buntes Treiben in einer orientalischen Welt, in der kaum etwas an China erinnert. Wir sahen keinen einzigen Chinesen und außer zwei Japanern auch keine Touristen.

Der Duft von Gewürzen, Holzkohle, gebratenem Hammelfleisch und warmem Fladenbrot zieht durch den überfüllten Markt. In Lehmöfen flackert Feuer und Suppe brodelt in tiefen Kesseln. Lautstark preisen die Köche Khebab und Pulau an, ein würziges Reisgericht mit Fleisch und Rosinen. Alte und neue Freunde treffen sich, reden, schmausen, trinken Tee, kaufen und verkaufen oder halten einfach Ausschau nach einem lohnenden Geschäft. Es ist Börse, Heiratsvermittlung, Spiel und Spaß. Die Lenker der Eselkarren rufen »bosch – bosch – bosch«, das heißt Platz machen und verhilft ihnen erstaunlicherweise immer wieder zu einer Gasse durch das Gewühl.

Wer nicht gerade ein Kleid von Dior sucht, findet alles, was das Herz begehrt, zumindest ein uighurisches: Hohe Samthüte mit Nerzrand, Karakul-Mützen, die zierlich bestickten Dop Pa in zahllosen Variationen, Felle, Pelze und gefütterte Jacken, scharfgeschliffene Messer aus dem berühmten Kashgar-Stahl, Emailleschüsseln, Kupfertöpfe und Silberschmuck, Ziegeltee und braunen Kandiszucker in großen Brocken, getrocknete Früchte als Wintervorrat und frisches Obst: Berge süßer Trauben, Feigen in säuberlich mit Blättern ausgelegten Körbchen und Melonen, Melonen, Melonen – 50 verschiedene Sorten gibt es in Sinkiang!

Am bekanntesten ist die Hami-Melone, die bis zu 15 Kilo schwer werden kann. Während der hundert Tage, die sie wächst, braucht sie keinen Regen und keine künstliche Bewässerung, trotz Sonne und Hitze – eine ideale Wüstenfrucht. Außerdem kann sie bis zu einem halben Jahr gelagert werden. Die Pflanzen haben sich den Gegebenheiten der Natur angepaßt und holen mit ihren tiefreichenden, verzweigten Wurzeln die nötige Feuchtigkeit aus der Erde.

Noch bedürfnisloser sind die mannshohen Tamarisken-Büsche, die wir in der Taklamakan immer wieder gesehen hatten. Daß in dieser trockenen Einöde überhaupt etwas wächst, ist erstaunlich genug; auf Kashgars Sonntagsmarkt konnten wir des Rätsels Lösung sehen: Gewaltige Wurzelstöcke wurden auf dem Holzmarkt feilgeboten, manche zwei-, dreihundert Kilo schwer. Daneben liegen die geschälten Stämme der schnellwachsenden Weißpappeln und Sandweiden wie Streichhölzer eines Riesenspielzeugs durcheinander.

Männer mit biblischen Gesichtern und weißlockigen Bärten schreiten würdevoll durch das Gewimmel, eingehüllt in lange schwarze Mäntel. Lastträger keuchen unter dem Gewicht von Zentnersäcken mit Getreide, kleine Buben huschen flink von Bude zu Bude und verdienen sich ein paar Fen. An jeder Ecke ist etwas anderes los. Märchenerzähler und Zauberer reißen Possen, Gaukler unterhalten ihr Publikum mit Seiltanzen und Purzelbäumen.

Ein Schaf im besten Alter kostet 50 Yuan (was etwa 50.- Mark entspricht), ein Esel um 120, ein gutes Kamel 600. Alte Autoreifen sind hier kein Umweltproblem – gleich neben dem Viehmarkt werden sie weiterverarbeitet zu Pferdegeschirren, Eimern oder Sandalen.

Neben so prosaischen Angeboten ist Seide begehrt wie einst in Rom – nur mit dem Unterschied, daß sie kein Luxusartikel mehr ist, sondern auch für's Volk erschwinglich: Die Stände mit den Seidenrollen sind umlagert, die Händler stehen auf den Tischplatten der besseren Übersicht wegen und messen mit zufriedener Miene Meter um Meter ab. Das Geschäft floriert, die Kunden warten gern und nutzen die Zeit für einen ausgiebigen Plausch.

»Jede Frau kann sich heute ein Seidenkleid leisten«, sagt unser neuer uighurischer Dolmetscher Abdhulla. »Natürlich auch die Nomaden. Sie kommen zum Sonntagsbazar von weither, verkaufen ein paar Schafe und kaufen mit dem Erlös, was sie zum Leben brauchen und was ihnen Freude macht. Sehen Sie dort am Tisch – die Frau mit dem runden Mondgesicht und den zwei Kindern: Sie ist Mongolin. Und daneben das Mädchen mit den bestickten Stiefeln: Das ist eine Kasachin. Wenn Sie gut beobachten, können Sie hier alle nationalen Minderheiten Sinkiangs finden.«

Viele Frauen bedecken ihr Gesicht noch immer mit schweren braunen Wollschals, obwohl der Lebensstil in Kashgar eher freizügig ist. Ich frage Abdhulla danach und er macht eine lässige Handbewegung. »Das sind die älteren Frauen, die sich noch nicht umgestellt haben. Vielleicht auch die Häßlichen!«

Ich bin neugierig, ob das stimmt, halte Ausschau nach einer jungen hübschen Frau und entdecke wenig später eine, die den Rand des Wollschals gerade zurückgeschlagen hat und mit zwei Fingern die Qualität eines Stoffes prüft. Sie hat dunkel gefärbte Augenbrauen, Pfirsichbäckchen und rote Lippen. Abdhulla wirft ihr einen anerkennenden Blick zu, als ich ihn aufmerksam mache. Und ist um eine Antwort nicht verlegen! »Das gibt's auch – *weil* sie so hübsch ist, soll sie sich verschleiern! Sicher ist ihr Mann eifersüchtig und will verhindern, daß ein anderer sie begehrt!«

Bei dem Thema Liebe konnte es nicht ausbleiben, daß Abdhulla auf die schöne Mamrisim zu sprechen kam, die von den Uighuren wie eine nationale Märtyrerin verehrt wird. Sie war eine Tochter der Hodscha-Familie, die zwei Jahrhunderte lang als geistige und weltliche Fürsten in Kashgar geherrscht und immer wieder versucht hatten, sich der chinesischen Oberhohheit zu entziehen. 1759 beschloß Kaiser Chien Lung, die unbotmäßige Provinz endgültig zu ›befrieden‹. Er sandte eine Armee Soldaten in den Fernen Westen, mit dem Befehl, niemanden zu schonen. Die Truppen erledigten ihren Auftrag gründlich: Sie töteten eine Million Menschen, auch die gesamte Hodscha-Familie wurde geköpft. Mit einer Ausnahme – die junge Fürstin Mamrisim wurde wegen ihrer Schönheit und ihres »außerordentlichen Wohlgeruches« an den Kaiserhof nach Peking gebracht. Die Karawane mit ihrer Sänfte war über drei Jahre unterwegs. Als »Xiangfei« (duftende Konkubine) sollte sie im Harem des Kaisers dienen, fiel aber bald Palastintrigen zum Opfer.

Über das Ende der unglücklichen Prinzessin gibt es zwei unterschiedliche Legenden. Eine besagt, daß der Kaiser sich in die schöne stolze Gefangene verliebt hatte, sie jedoch sein Werben zurückwies. Das erzürnte die Kaisermutter so sehr, daß sie Mamrisim während einer Abwesenheit ihres Sohnes befahl, sich mit einem Seidenschal zu erhängen. – In der zweiten Version ließ der Kaiser selbst Mamrisim erdrosseln, weil er ihre – wahrhaft verständliche – Rachsucht fürchtete.

Wo die »duftende Konkubine« ihre letzte Ruhe gefunden hat, steht nicht mit Sicherheit fest. 80 Kilometer westlich von Peking gibt es neben dem Grab des Kaisers eines von ihr. Aber auch jedem Besucher des Apak-Hodscha-Mausoleums in Kashgar – dem prächtigsten Beispiel islamischer Baukunst in China – wird der Sarg Mamrisims gezeigt. Der Kaiser soll ihn in einem prunkvollen Leichenzug, der jahrelang unterwegs war, in ihre Heimat zurückgeschickt haben.

Für die Nachwelt verewigte der italienische Jesuit Giuseppe Castiglione ihren Liebreiz im Bild. Er war Hofmaler Chien Lungs gewesen und hat Mamrisim als chinesische Göttin in portugiesischer Rüstung dargestellt.

Die Legende um das kurze Leben und tragische Ende der jungen Hodscha-Fürstin wird bei den Uighuren von Generation zu Generation überliefert und mit unverhohlenem Ingrimm als Beispiel chinesischer Grausamkeit genannt. Die Chinesen sehen die Geschichte natürlich in anderem Licht. Für sie ist die Liebe des Kaisers Chien Lung zu einer uighurischen Prinzessin ein Beweis für die Eintracht und innigen Bande zwischen den unterschiedlichen Stämmen des Reiches.

Abdhulla war schlau genug, uns alle Versionen zu erzählen, einen persönlichen Kommentar vermied er. Er mochte seinen Job als Dolmetscher sichtlich gern und wollte ihn nicht verlieren. Statt dessen berichtete er über eine weitere Version, nach der die »duftende Konkubine« von ihrer eigenen Familie als Zeichen der Unterwerfung am Ende der Rebellion dem Kaiser gesandt worden sein soll. »Jeder soll glauben, was er mag«, sagte er, »vielleicht hat Mamrisims Vater Ali Hodscha seine Tochter wirklich freiwillig geschickt – ehe man ihm den Kopf abschlug...«

In kleinen Dingen lehnen sich die Uighuren heute noch gegen das Regime im fernen Beijing auf. Sie mögen die Chinesen in ihrer Provinz nicht, akzeptieren aber ihre Anwesenheit. Das schließt nicht aus, daß sie konsequent tun und lassen, was sie wollen – solange es sich nicht um wesentliche Dinge handelt. Ein solcher Punkt, in dem das Tauziehen mit einem Patt endete, ist die Zeit. Denn in Sinkiang gehen die Uhren anders!

Wir wunderten uns, daß hier – im Gegensatz zum übrigen China – die Geschäfte erst um zehn Uhr geöffnet werden und sich Mittag- wie Abendessen um zwei Stunden verschieben. Das war an sich normal, denn zwischen Shanghai und Kashgar liegen, einige Abstecher eingerechnet, 6666 Kilometer in Richtung Westen.

»Werden hier die Uhren umgestellt?« fragte ich Zhang, der sich im Land der Uighuren ein wenig verloren und ohne wirkliche Aufgabe vorkam. »Nein, nein«, wehrte er ab, »in ganz China gilt die gleiche Zeit.« Offiziell ja – inoffiziell hat fast jeder Sinkiang-Zeit auf seiner Uhr eingestellt: zwei Stunden mehr als in Beijing. Durch diese gegenseitige Toleranz wahren alle ihr Gesicht.

Auch nationalbewußte Uighuren wissen, daß nach der Machtübernahme Maos vieles in ihrer Provinz besser wurde: Die Willkür der Großgrundbesitzer hatte ein Ende, das Land wurde gerechter verteilt, und die ›großen Vier‹ sind für die meisten Familien in greifbare Nähe gerückt – Fahrrad, Nähmaschine, Transistor-Radio und Armbanduhr. Aus den Fehlern der sogenannten Kultur-Revolution und dem zornigen Aufbegehren gegen die Übergriffe der Rotgardisten haben beide Seiten gelernt.

Früher war es Privileg der Wohlhabenden, Kinder in die Schule zu schicken – heute ist es Selbstverständlichkeit für jedermann. Zhang und Abdhulla haben uns in der größten Volksschule Kashgars angemeldet, und so werden wir gebührend empfangen – außer vom Lehrerkollegium unter Vorsitz des Hauptschulmeisters auch vom Partei-Sekretär. Er geht am Stock, trägt eine schwarze Sonnenbrille, sieht aus wie ein Mafia-Boß und spricht kein Wort.

Um so mehr redet der Hauptschulmeister, ich kann mit meinen Notizen kaum folgen: 1450 Schüler, 78 Lehrer, 29 Klassenzimmer, vier Schulstunden vormittags, zwei nachmittags, Sechs-Tage-Woche wie überall in China, Unterricht rein uighurisch.

»Steht chinesisch nicht auf dem Lehrplan?«

Der Parteisekretär nimmt einen Moment die schwarze Brille ab, damit wir sehen, wie finster er dreinschauen kann. »Gewiß doch«, versichert der Hauptschulmeister, »ab der vierten Klasse als Zweitsprache.«

»Sind auch Chinesen unter den Schülern?«

»Nein, sie haben ihre eigene Schule. Bei uns werden außer Uighuren Tadschiken, Kirgisen, Usbeken, Kasachen, Hui und Mongolen unterrichtet.«

Drei Monate Ferien gibt es in Kashgar, zwei im Sommer, einen im Winter. Montags überprüfen die Lehrer, ob nach dem sonntäglichen Schlendrian alle Kinder Hände, Hälse und Ohren gewaschen haben, ob die Zähne geputzt und Löcher in Hemd oder Hose gestopft sind. Der Unterricht beginnt mit Frühsport. Aus einem krächzenden Lautsprecher ertönt Marschmusik, ein Lehrer gibt über Megaphon scharfe Kommandos, das Ganze wirkt auf den ersten Blick wie eine militärische Übung, doch der Schein trügt. Die Buben und Mädchen lachen und albern dabei, entweder über unseren Anblick oder darüber, daß das Programm für uns und zu Ehren des Parteisekretärs so zackig gestaltet wurde!

»Möchten Sie an einer Unterrichtsstunde teilnehmen?« fragt der Hauptschulmeister höflich. Wir möchten. Und da wir aussuchen können, wählen wir Musik. Der Parteisekretär kommt auch in das Klassenzimmer mit und zwängt sich umständlich in die letzte Bank.

Die Lehrerin spielt Ziehharmonika und ihre Zöglinge singen aus voller Kehle »Do re mi fa so la si do« auf uighurisch. Es folgt ein Lied vom Schmetterling und ein Liebeslied, das an russische Volksweisen erinnert.

Abdhulla übersetzt: »Mein Schatz, ich liebe Dich so sehr – jeden Morgen stehe ich früh auf, nur um an Dich zu denken...«

»Machst Du das auch so bei Deinem Schatz?« necke ich ihn.

Er geht auf den Spaß ein und setzt ein Spitzbubengesicht auf. »Natürlich! Das frühe Aufstehen ist ganz leicht, weil bei uns die Uhren anders gehen!«

Die über zweitausendjährige Geschichte Kashgars war zu allen Zeiten interessant und ereignisreich. Die südliche Route der Seidenstraße vereinte sich hier mit der nördlichen und trennt sich erneut: Ein Weg führte durch Rußland, einer über den Pamir. Die Karawanen mußten oft Wochen und Monate rasten, um nach der Wüste Taklamakan neue Kräfte zu sammeln, ehe sie die gefährlichen Hochgebirgspässe überquerten.

So wurde Kashgar ein Sammelbecken von Menschen vieler Nationalitäten und vieler Religionen. Der Islam erwies sich am stärksten und verdrängte den duldsamen Buddhismus. Die christlichen Missionen spielten nie eine bedeutende Rolle und verschwanden wie die Kirchen der Nestorianer. Geblieben und neu entstanden sind nur die Moscheen.

Geblieben sind auch das englische und das russische Konsulat aus der Zeit um die Jahrhundertwende, als Kashgar ein Tummelplatz von Agenten und Abenteurern war. Das zaristische Rußland zeigte sein Interesse unverblümt, und das Britische Empire streckte von Indien her ebenso unverblümt die Fühler aus. Der

Glanz jener intrigenreichen Tage ist verblaßt, aus den einst eleganten Konsulats-Gebäuden sind bescheidene Unterkünfte für Lastwagenfahrer und Traveller geworden.

Wir blieben viereinhalb Tage in Kashgar. Viel, verglichen mit den kurzen Stationen auf dem langen Weg nach Westen. Wenig jedoch für das, was wir uns vorgenommen hatten. In jedem Fall zu wenig, um das echte Kashgar zu entdecken und mehr als flüchtig an der Oberfläche zu kratzen.

Zusammen mit Abdhulla ging ich am letzten Nachmittag durch den Bazar und kaufte als Reiseproviant eine fünfpfündige Hammelkeule für 21 Yuan. Es wurde ein unerwartet zeitraubendes Unternehmen. Der Metzger und die andere Kundschaft achteten streng darauf, daß ich als Ungläubige den muslimischen Hammel vor dem Kauf nicht berührte. Endlich waren wir handelseinig, das Fleisch gewogen und bezahlt.

»Kann der Metzger jetzt die Fettschicht abschneiden?« fragte ich Abdhulla, »er hat ein scharfes Messer.«

Er übersetzte diesen unverständlichen Wunsch, der kopfschüttelnd erfüllt wurde. Dann bekam ich zusätzlich einen großen Fleischknochen. Ich gab ihn zurück. »Danke, ich brauche nur die Keule, sonst nichts.«

»Unmöglich«, belehrte mich Abdhulla, »Du hast das gute Fett nicht genommen, das schon bezahlt war – das Beste am ganzen Hammel! Deshalb muß er dir einen Ersatz dafür anbieten. So ist es Brauch bei uns.«

Also zog ich, beladen mit Hammelbein, Fleischknochen und vielen Tüten exotisch duftender Gewürze durch den Bazar, hinter mir ein Rattenschwanz von erheiterten Zuschauern.

Als ich zurückkam ins Gästehaus, warteten dort wenig erheiternde Neuigkeiten. Zhang hatte seine Spezial-Sorgenmiene auf, nach der Anzahl der Stirnfalten zu urteilen, mußte es etwas Ernstliches sein: »Das Außenamt der Stadt sagt, wir können mit unseren Wagen nicht weiterfahren zur Grenze Pakistans. Ein Erdbeben hat die Straße kaputtgemacht. Sie haben die Verantwortung, wenn...«

»Halt«, unterbrach ich ihn, um von dem fatalen Wort Verantwortung abzulenken, »ist sie denn ganz kaputt?«

»Nicht ganz«, räumte er ein, »nur halb. Geländewagen können noch fahren. Oder wir müssen lange Holzplanken mitnehmen, sagt das Außenamt. Damit können wir Brücken bauen über große Löcher.«

Ich war natürlich etwas beunruhigt, zeigte es aber nicht. »Nur Mut, Zhang«, sagte ich leichthin, »für *uns* ist das doch kein Problem! Wozu können die Audis schwimmen und fliegen!!«

Während wir noch redeten, kamen Alois und Florian ins Zimmer. Jeder hatte eine halbvolle Flasche Bier in der Hand, die sie demonstrativ vor Zhang auf den Tisch stellten.

»Probier mal«, forderte Alois ihn auf, »die Genossen hier wollen zwei anständige Bayern vergiften. Wenn das kein Sauerbier ist, will ich Mohammed heißen! Wo ist das Beschwerdebuch in diesem Hotel?«

Noch ein Schreck für den geplagten Zhang! Er nahm beide Flaschen und eilte davon, um »unverzüglich Beschwerde einzureichen«. Nach fünf Minuten war er wieder da und brachte zwei neue Flaschen mit einem anderen Etikett. »Alles klar«, sagte er erleichtert, »es war eine Verwechslung. Der Kreis Kashgar leidet an einer Überproduktion von Trauben dieses Jahr. Deshalb wird jetzt Trauben-Bier hergestellt, doch nur für eigene Leute. Gäste erhalten Bier aus Hopfen und Malz, solange der Vorrat reicht.«

Nach dieser Mitteilung konnten wir uns getrost noch etwas Mut antrinken für den nächsten Tag, in der Hoffnung, daß Hopfen und Malz trotz Erdbeben nicht verloren sein würde!

12
Kalte Steppenweide und Steinstadt

Silbermond und *Purpursonne* waren wieder einmal von Neugierigen umlagert beim Start zu der vorletzten Etappe in China. Die schöne Mär von den Wunderautos mit Flügeln und Flossen hatte sich von Tag zu Tag verdichtet.

Die monumentale Mao-Statue im Zentrum Kashgars reckt eine Hand hoch in die Luft, als wolle sie uns ›Auf Wiedersehen‹ zuwinken. Sie ist schon fast ein Relikt aus vergangenen Zeiten: Auf Maos Mütze nisten Tauben.

Wir machten uns nicht viel Kopfzerbrechen wegen der Schwierigkeiten, die uns für den Weg nach Taxkorgan und zur Grenze prophezeit wurden. Durch die Erfahrung früherer Reisen gewitzt wußten wir, wie rasch solche Meldungen zu Hiobsbotschaften aufgebauscht sind und ließen uns nicht beirren. Diese Strecke erwies sich tatsächlich als problematisch – die Straße war in einem schlimmen Zustand. Sie wurde zu einer neuen Bewährungsprobe für die beiden Expeditions-Wagen.

Bautrupps nahmen alle paar Kilometer Ausbesserungs-Arbeiten vor und suchten die gröbsten Schäden zu beheben. Manche standen wie versteinert, manchen fiel vor Überraschung die Schaufel aus der Hand, als sie uns sahen – wären wir auf einem weißen Elefanten geritten, hätte die Verblüffung nicht größer sein können.

Nach Kashgar lag die Taklamakan hinter uns, wir näherten uns dem Hochland des *Pamir*. Statt durch Sand fuhren wir jetzt durch eine Geröllwüste in einer wilden Ur-Landschaft und wurden fast seekrank bei der Schaukelei. Der Wind wirbelte pausenlos Staub auf. Unwillkürlich beschlich mich die Vorstellung, daß die Welt hier noch nicht ganz fertig ist und die häufigen Erdbeben nicht von ungefähr kommen. Mächtige Steinblöcke und Felsen von der Größe eines Hauses türmen sich übereinander, als seien sie vom Himmel gefallen und Riesen hätten damit Fußball gespielt.

Marco Polo berichtet über diesen Teil seiner Reise: »Zwölf Tage reitet man durch die Pamer[!]-Ebene. Während dieser Zeit findet man weder Wohnstätten noch Unterkunft. In solcher Höhe nisten auch keine Vögel. Auf etwas Besonderes möchte ich Euch hinweisen: In den eisigen Höhen brennt das Feuer nicht so hell und rot wie andernorts und die Speisen werden nicht richtig gar. Flüsse sind zu durchqueren, Wüsten zu passieren. Die Menschen, die im Hochgebirge wohnen, sind wilde Heiden und leben von der Jagd; sie kleiden sich in Tierfelle. Es ist ein böses Volk.«

Von einem »bösen Volk« sehen wir nichts, vielleicht ist es in den 700 Jahren nach Marco Polo ausgestorben. Die wenigen Menschen, die wir treffen, sind Kirgisen, freundlich, wißbegierig und ohne Scheu. Ein Bauer führt stolz seinen Yak-Bullen zur nächsten Siedlung, ein pechschwarzes Tier mit weit ausladenden Hörnern, kraftvoll gewachsen mit zottigem Fell und einem Schweif wie ein Pferd.

Diese Yaks, auch Grunzochsen genannt, fühlen sich erst in einer Höhe um 3000 Meter wohl, in tieferen Lagen kränkeln sie. Der Bauer spricht uns an und deutet auf sein Yak. Zhang und Dai verstehen nicht mehr als wir. Gut, daß wir in Kashgar einen Koch des Gästehauses mitgenommen haben, der seine Familie in Taxkorgan besuchen will. Er ist Tadschike und kann auch kirgisisch. Will der Bauer uns etwa sein Yak verkaufen? Der winkt geradezu erschreckt ab.

»Es ist der beste Bulle der ganzen Gegend«, übersetzt der Koch, »der Bauer möchte wissen, wieviel Wolle die Yaks in eurer Heimat geben und wieviel sie tragen können?«

Bei Kirgisen wie Tadschiken ist der Sippenälteste stets ein hochgeachteter Mann.

Kaum erkennbar wächst Kameldorn und spärliches Steppengras zwischen den Steinen, ausreichend für die bedürfnislosen Tiere.

Die kirgisischen Nomaden leben auch heute noch in ihren runden Filzjurten und widersetzen sich beharrlich allen Ansiedlungsversuchen.

Eine Yak-Karawane trägt die gesamte Habe zweier Nomadenfamilien. Die gitterartigen Gestänge der Jurten lassen sich rasch zusammenlegen und wieder aufbauen.

Frauen und Mädchen aus Taorama Serala, einem ›Dorf am Ende der Welt‹.

Das Gehöft des tadschikischen Bauern Sanasser. Hohe Lehmmauern schützen während der eisigen Winter seine Herden vor Wölfen.

Schöne Sitten in Taorama Serala: Handkuß der Hausfrau für einen Gast aus der Sippe!

Ich stelle eine Gegenfrage. »Was glaubt er denn, wo unsere Heimat liegt?«

Er überlegt kurz und deutet in die Richtung der sinkenden Sonne: »Ich denke, ihr seid unter dem westlichen Himmel geboren« – eine Formulierung, die wir schon mehrfach während der Reise gehört haben. Zielstrebig aber kommt er auf seine Frage zurück. Als er erfährt, daß es unter dem westlichen Himmel überhaupt keine Yaks gibt, nur ähnliche Tiere, die man nicht reiten kann, die keine Lasten tragen und auch keine Wolle liefern, schaut er uns ungläubig und mitleidig zugleich an. Was mag das für ein Land sein, in dem keine Yaks gedeihen!

Mir fällt ein, daß im Handschuhfach ein paar Postkarten mit bayerischen Dorfszenen und herausgeputzten scheckigen Kühen liegen. Zur Rettung unseres Ansehens gebe ich ihm eine. Er betrachtet sie ausgiebig, ist unbeeindruckt, eher enttäuscht. »Ihr habt gute Autos, aber schlechte Yaks«, stellt er mit einem prüfenden Blick auf die *quattros* fest. »Wie weit ist euer Land entfernt von unserem?«

»Sehr, sehr weit«, sagte ich, »eine Karawane würde Jahre brauchen.«

»Schade«, gibt er zur Antwort, »aber mit Autos geht es schneller. Wenn ihr mal wiederkommt, nehmt Lastwagen und bringt ein paar von den schwachen Flecktieren hierher. Mit meinem Bullen könnten wir eine ordentliche Rasse züchten.«

Wenn das kein Angebot war! Wüßte unser Landwirtschaftsminister davon, würden sich ungeahnte Möglichkeiten eröffnen, den Butterberg abzubauen: Yaks sind sehr genügsam, die Kühe geben nur drei bis fünf Liter Milch am Tag und auch das nur im Sommer. Ganze Hochalpenregionen könnte man mit ihnen besiedeln, je kälter und karger, desto besser!

Die Straße steigt beständig, und allmählich wird die Landschaft ruhig. Die scharfen Konturen der Felsberge sind vom Sand verweht und sehen aus wie ungeheure Dünen in wechselnden Farben. Eingebettet in ein Tal liegt ein halb ausgetrockneter See, an dem morastigen Rand grasen Ziegen.

Das Wort »Pamir« kommt aus dem türkischen Sprachraum und heißt »Kalte Steppenweide«. Ein Hirte mit einer riesigen Schafherde kommt uns entgegen. Zwei Esel tragen seine Habe, auf einem darf ein neugeborenes Zicklein reiten, dem der Weg zu beschwerlich ist. Auch er lacht uns freundlich an, winkt und treibt seine Tiere auseinander, damit wir weiterfahren können.

Zeitweise wird der Weg an einer Seite von Felswänden begrenzt, an der anderen bricht er ab zu einem schäumenden Gletscherfluß. Filigrane Hängebrükken überspannen ihn von Ufer zu Ufer. Alois kann es nicht lassen und versucht sich als Kletterkünstler, Hilmar zückt die Kamera. Als er wieder auf festem Boden steht, beklagt er sich über das niedrige Geländer: »Das sind vielleicht Brückenbauer hier – da muß man sich ja wie ein Affe rüberhangeln! Ich glaube, die sind für den grauslichen Schneemenschen konstruiert!«

Zhang und Dai ist diese Gegend nicht geheuer. An manchen Stellen steigen sie lieber aus und laufen neben den Wagen her. Ein Bad im Fluß wäre nicht nach ihrem Geschmack, sie möchten lebendig heimkehren nach Shanghai.

Der Wind nimmt mit der Höhe zu, die Luft ist voll Sandstaub, und wie durch einen Schleier taucht der gezackte Eisgipfel des Siebentausenders Konghur Shan nach einer Biegung auf. Sein ›Bruder‹, der knapp 200 Meter niedrigere Muztagata, liegt am Ufer des Kalakuli-Sees und wirkt mit seinen sanft abgerundeten Schneekuppen gegen den Konghur Shan harmlos. Wir legen eine kurze Rast ein, machen aber kein Feuer eingedenk der Warnung, es würde nicht hell und rot brennen. Die Hammelkeule heben wir für später auf.

Es dauert nicht lange, bis wir Besuch bekommen: Zwei Reiter auf Kamelen nähern sich, ein Bild wie aus Marco Polos Zeiten. Es sind prächtige Tiere mit dichter Halskrause und hochmütigen Gesichtern, beladen mit Säcken aus Yakhaar, Filzdecken, Körben und Töpfen. Oben auf der Last thronen die Männer mit ausgestreckten Beinen. Ein kurzer Befehl – und schon knien die Kamele nieder, wenn auch unter empörtem Geschrei. Sie gehorchen, obwohl sie keine Nasenpflöcke haben, die die meisten Wüstenkamele gefügig machen. Aber sie sind äußerst widerborstig und zeigen deutlich, daß Gehorsam unter ihrer Würde ist.

Die Reiter setzen sich zu uns und schauen beim Essen zu. Probieren wollen sie nichts, Obstkonserven und Kekse dagegen nehmen sie gerne an und verstauen sie in den Satteltaschen. Wir können nichts mit ihnen reden, sie sprechen einen Dialekt, den auch der tadschikische Koch nur schwer versteht. Nachdem sie die Wagen eingehend inspiziert und beklopft haben, nicken sie anerkennend und schwingen sich wieder auf die Kamele. In ihrer Sicht sind wir wohl keine so armseligen Schlucker wie in den Augen des Yak-Bauern.

Der Kalakuli-See ist zauberhaft, ein Platz, von dem ich mich kaum trennen konnte. Schmetterlinge gaukelten durch die Luft, Libellen surrten über das Wasser und sandfarbige Eidechsen huschten über den Boden. »Schlangen mit vier Füßen« umschreibt sie Zhang, und der Koch fügt hinzu, er könne ein vorzügliches Gericht daraus bereiten.

Ich wäre am liebsten über Nacht geblieben, aber in dieser Höhe war es im September ohne entsprechende Ausrüstung schon zu kalt, und außerdem hatten wir für den sechsten Mann nicht einmal einen Schlafsack. So zogen wir weiter, vorbei an den Lagerplätzen kirgisischer Nomaden in ihren runden Filzjurten. Überall flackerten kleine Feuer (also doch!), wobei Argols, der getrocknete Dung der Tiere, das wichtigste Heiz- und Brennmaterial in dieser baumlosen Region bildet.

Die Nomaden widersetzen sich beharrlich den Ansiedlungsversuchen der Regierung. Wenn die Weidegründe zu spärlich werden, wandern sie mit Sack und Pack in eine andere Gegend. Ihre Jurten lassen sich erstaunlich schnell zerlegen und wieder aufbauen, viele sind außen bestickt und innen mit hübsch gewebten Wollbändern verziert. Sobald wir in ihrer Nähe anhielten, ließen die Bewohner alles liegen und stehen und eilten herbei. Ihre Augen waren noch größer, noch runder, noch erstaunter als bei den Menschen auf dem ganzen Weg bisher.

Am späten Nachmittag begegneten wir einer schwerbepackten Yak-Karawane. Voraus trotteten die stärksten Tiere, beladen mit den gitterartigen Holzgestängen von drei Jurten. Die anderen trugen den ganzen Hausrat der Familien, angefangen von rußigem Kochgeschirr und von Kesseln bis zu einem Kanonenofen samt Rohr. Die Männer gingen neben den Yaks, Frauen und Kinder folgten in einigem Abstand auf Eseln, die Schafherde wurde von zwei Hunden angetrieben. Der Umzug konnte nichts mit Futtermangel zu tun haben, denn die Weidegründe am Kalakuli-See sind fruchtbar und ein wahres Paradies für Tiere.

Bei dieser Gelegenheit fiel mir eine Schilderung Marco Polos ein, dessen Spuren wir ja weiterhin folgten, jedoch in umgekehrter Richtung: »Wenn man Berg um Berg übersteigt, sieht man zwischen zwei Gebirgskämmen [vermutlich Muztagata und Khongur Shan] einen großen See, aus dem ein schöner, freundlicher Fluß strömt, der die weite, grüne Ebene bewässert. Die Weide ist so vorzüglich, daß sie innerhalb von zehn Tagen das magerste Vieh fett macht. Diese Hochebene wird Pamer genannt. Es gibt eine Menge wilder Tiere, darunter vor allem Schafe von außerordentlicher Größe, die Hörner von drei, vier oder gar sechs Spannen haben.« Der venezianische Entdecker konnte nicht wissen, daß diese Tiere – deren erste genaue Beschreibung er ins Abendland brachte – später nach ihm benannt wurden. Heute haben sie Seltenheitswert: Zu viele ehrgeizige Jäger mit dicker Brieftasche wollten ihre Trophäen-Sammlung um das Gehörn eines Marco-Polo-Schafes bereichern.

Dieser Tag zwischen Kashgar und Taxkorgan war der schönste und die Landschaft die reizvollste der Reise, ein Tag mit viel Arbeit für Kamera und Feder. Er hatte nur einen Fehler – er war zu kurz. Nur Florian, dem ›Benjamin‹ des Teams, war er offenbar zu lang, denn er murrte gleich dreimal: »Jetzt mog i nimmer!« In der Tat hielten wir öfter an als je zuvor, kein Wunder bei einer solchen Fülle interessanter Motive und Begegnungen.

Allerdings mußten wir Taxkorgan vor der Nacht erreichen und trösteten uns damit, daß wir am nächsten Tag zurückfahren und vielleicht die Yak-Karawane wiederfinden konnten. Als wir die ersten Häuser von *Taxkorgan*, zu deutsch »Steinstadt«, sahen, seufzte Zhang abgrundtief, – als Christ hätte er wohl ein Kreuz geschlagen.

»Was gibt es?« fragte ihn Hilmar, »das klang ja gerade, als ob Dir ein Felsblock vom Herzen gefallen sei?«

»So ist es«, bestätigte Zhang und strich mit der Hand die Wolken von der Stirn: »Du weißt ja nicht, was ich weiß: Gestern abend hat mir Herr Yussuf vom Außenamt Kashgar gesagt, sie würden uns hier in Taxkorgan *nicht* anmelden und auch unsere Zimmer dort weiter reserviert halten. Er sagte, wir kämen bestimmt wieder, weil niemand diese Strecke mit Personenwagen befahren kann.«

Wir frohlockten – gerade hatten wir das Gegenteil bewiesen! Und auch das Gegenteil der Unkenrufe, die uns vom ersten Tag der Planung an begleiteten und zuletzt vornehmlich aus Shanghai erklangen: »*Das* schaffen die nie!«

Im Gästehaus Taxkorgans war tatsächlich niemand auf unser Kommen vorbereitet. In einer ›geschlossenen Stadt‹ werden keine Fremden erwartet; die paar ›Langnasen‹, die mit einer Sondergenehmigung hierher reisen durften, waren stets avisiert. Um so mehr erstaunte uns der Empfang in der »Herberge für durchreisende Beamte«: Während wir das Gepäck ausluden, füllten emsige Mädchen in den Zimmern die Waschschüsseln mit dampfend heißem Wasser. Frischer Tee stand bereit, und in jedem Schlüsselloch steckte ein glimmendes Räucherstäbchen, das Wohlgeruch verbreitete. Bettwäsche und Handtücher waren so sauber, daß nicht einmal eine deutsche Hausfrau einen Makel daran erspäht hätte. Fließendes Wasser gabs natürlich nicht; das war auch nicht nötig, solange es überhaupt welches gab: Im Gang standen vier große Blechtonnen zum Wasserschöpfen. Das war praktisch, einfach, erforderte wenig Aufwand und erfüllte seinen Zweck.

»Hohe Beamte« wie Hilmar wurden in Taxkorgan besonders gut behandelt: Wir bewohnten eine Art Suite, Wohn- und Schlafzimmer wurden durch einen gerafften roten Samtvorhang getrennt. Auch die obligatorischen Spucknäpfe mit Rosenmuster fehlten nicht, zwei an der Zahl. Der »Intendant der Herberge« nahm unsere Komplimente erfreut entgegen und erwiderte sie mit einer Entschuldigung: »Ich bedauere, den ehrenwerten Gästen nur eine so bescheidene Unterkunft zu bieten.« Damit meinte er die Örtlichkeiten· »Kraftfeld« und »Frau mit Spindel« in gebührender Entfernung.

Der sogenannte Speisesaal hatte den Charme einer Bahnhofswartehalle. Dafür war das Essen ausgezeichnet, die Getränke kühl, und wir fühlten uns in der ungewohnt dünnen Luft von Taxkorgan (3700 m) rechtschaffen müde. Sogar Alois verzichtete darauf, Zhang mit zirpenden Grillen zu necken und zu einer Erforschung des Nachtlebens einzuladen...

Am nächsten Tag blieb die Suche nach der Yak-Karawane erfolglos, trotz einer Querfeldein-Fahrt in ihre Richtung. Statt dessen entdeckten wir *Taorama Serala*, im wahrsten Sinn ein Dorf am Ende der Welt, bewohnt von Tadschiken, die ein seßhaftes Dasein dem Wanderleben ihrer kirgisischen Vettern vorzogen.

Die Häuser waren aus luftgetrockneten Ziegeln gebaut, auf den flachen Dächern lagen gestapelte Argols und Torf, Brennstoff für den Winter. Die Männer hatten Pelzmützen oder Schirmkappen auf und trugen Messer am Gürtel. Die Frauen wirkten wie bunte Farbtupfer in der kargen Umgebung: Ihre Haare waren zu dicken Zöpfen geflochten, über bestickten Kappen trugen sie Kopftücher, über langen Hosen Röcke, Blusen und Jacken. Die meisten waren auch im Alltag mit Ketten, Ringen und Armreifen geschmückt, ein Überbleibsel aus Nomadenzeiten, in denen das Wertvollste nicht versteckt, sondern offen und gern gezeigt wurde. Auf den Gedanken, nach einer üppigen Ernte Geld auf eine Bank zu tragen, kommt so schnell niemand, auch wenn es nicht weit ist bis Taxkorgan. Dafür haben die Silberschmiede dort gut zu tun!

Die Kunde von unserer Anwesenheit dringt rasch zum Sippenältesten durch, der in einem größeren Haus wohnt. Das versammelte Völkchen macht ihm ehrerbietig Platz, als er uns begrüßt – hier ist Alter kein Makel, sondern ein Vorteil: Alter, Würde und Weisheit bilden eine geachtete Einheit. Er heißt Sanasser, trägt eine feine Karakul-Mütze und fragt sogleich, woher wir kommen und wohin wir gehen. »Ihr müßt weit gereist sein«, sagt er und mustert unsere Kleidung. »Ihr seht auch nicht aus wie Pakistani. Wo lebt euer Stamm?«

Wir geben die bewährte Antwort, daß unsere Wiege unter westlichem Himmel stand und dieser Begriff genügt ihm. »Waren noch keine Leute wie wir in deinem Dorf?« frage ich.

»Nein«, sagt er überzeugt, »nie solange ich lebe. Sonst wüßte ich doch, woher ihr seid!«

»Und wie lange lebst du schon?«

Er versucht gar nicht erst nachzurechnen und meint: »Ich habe viele Sommer und Winter gesehen.«

Winter ist ein Stichwort. »Was macht ihr im Winter, wenn alles verschneit ist? Wird euch nicht langweilig?«

Mit dem Wort Langeweile kann Sanasser nichts anfangen. Er überhört es einfach – wie die Wüstenfischer am Yühu. »Im Winter gehen wir in die Berge und sammeln Argols. Manchmal finden wir auch etwas Brennholz, wenn der Schnee nicht zu hoch liegt. Die Frauen machen Filzteppiche und Decken aus Wolle und Yakhaar. Am wichtigsten sind die Zäune um die Herden. Sie müssen immer wieder ausgebessert werden.«

Ich denke an Marco Polos Berichte, nach denen die Wölfe im Pamir großen Schaden anrichteten. »Gibt es Wölfe hier?«

»Natürlich gibt es Wölfe«, sagt Sanasser verwundert über eine Frage nach etwas Selbstverständlichem. »Im März und April sind sie besonders gefährlich, aber im Sommer bleiben sie in den Bergen, weil sie Angst vor Moskitos haben.«

Daß Wölfe sich vor Moskitos fürchten, war mir neu. Vielleicht ist es eine wissenswerte Bereicherung für Brehms Tierleben, vielleicht trifft es auch nur für Pamir-Wölfe zu!

Wir konnten unsere Allgemeinbildung in Taorama Serala noch weiter verbessern, indem wir eine ungewöhnliche Sitte kennenlernten, die emanzipierte Damen an den Rand der Verzweiflung treiben würde: Handkuß der Hausfrau für einen Gast aus der Sippe! Sanassers Tochter Bibilara begrüßte auf diese Weise einen Freund aus dem Nachbardorf.

Hilmar, Alois und Florian waren sehr angetan von diesem schönen Brauch, hatten aber einige Bedenken, ob er sich in Deutschland durchsetzen würde... Immerhin hofften sie, auf ähnliche Weise verabschiedet zu werden, was ich natürlich als Musterbeispiel der Gleichberechtigung im Bild festgehalten hätte. Zhang schmunzelte und sagte in weiser Voraussicht: »Vergebens!«

Bibilaras Handküsse blieben tatsächlich für Tadschiken reserviert und waren nicht für ›Langnasen‹ gedacht! »Wenn schon kein Handkuß, dann wenigstens Hammel«, schlug Hilmar vor, »beides fängt mit H-a an.«

Seine Idee fand großen Anklang, und Alois stellte einmal mehr unter Beweis, daß er nicht nur Meister der Motoren war, sondern auch ein meisterlicher Koch. Die goldbraun gebratene Hammelkeule war ein Genuß, und unser letztes Picknick auf chinesischem Boden eine von vielen kulinarischen Sternstunden.

Zurück in Taxkorgan machte ich mich selbständig und besuchte einen der nüchternen Kramläden, die hier den orientalischen Bazar von Kashgar ersetzen. Das Angebot war beachtlich, noch beachtlicher waren die Preise, die sich nicht um einen Fen von denen in Kashgar unterscheiden. Die Erklärung für diese erstaunliche Tatsache: Der Transport bis in diesen abgelegenen Winkel Sinkiangs wird staatlich subventioniert.

In den Holzregalen standen in kunterbunter Reihe Geschirr und Teekessel, Tennisschuhe und Plastiksandalen, Seife und Zahnpasta, Einmachgläser mit vielen FLeisch-, Gemüse- und Obstsorten, stapelweise Bonbontüten, Spucknäpfe in reicher Auswahl, Pullover und Seidenstoffe. Am Boden waren Körbe und Werkzeuge ausgebreitet, Fahrradschläuche und Zaumzeug für Esel, Kunstblumen in vielen Variationen. Eine große Thermosflasche kostete 5,50 Yuan, eine Taschenlampe 2,10, Pingpongschläger 3,42, Turnschuhe 8,30, ein Fußball 29, und der letzte Schrei für Möchte-Gern-Playboys sind Sonnenbrillen aus gefärbtem Glas für 3 Yuan.

Von den notwendigen Lebensmitteln fehlte nichts, auch für durstige Kehlen war reichlich gesorgt mit Limonade, Wein und Bier. Sogar einige Flaschen Mao-tai standen angestaubt in einer Ecke – jener berühmt-berüchtigte Schnaps, von dem die Londoner *Times* behauptet hatte, er würde sich hervorragend als Treibstoff für die erste chinesische Mondrakete eignen.

Gleich neben dem Kramladen ist in einem Hinterhof die Post Taxkorgans verborgen. Zhang und ich standen davor, wie Kinder vor einem gut versteckten Osternest: und sahen sie nicht. Die uighurischen Schriftzeichen auf dem Hinweisschild konnten wir beide nicht lesen. Schließlich fanden wir den Weg dennoch – und damit das amüsanteste Postamt, in dem ich je war.

Zhang zuckte schmerzlich zusammen, als wir den kleinen Raum betraten. Es herrschte ein unbeschreibliches Durcheinander, und er fühlte sich offenbar auch dafür verantwortlich.

Das Dienstzimmer war vollgestopft mit zwei Tischen, einem Feldbett und einem Schrank, dessen Türen offenstanden. Die Papierberge in seinem Inneren waren zum Teil herausgefallen und schwammen in einer Wasserlache auf dem Fußboden: Eine umgekippte Thermosflasche hatte die kleine Überschwemmung verursacht – ein Malheur, das wohl öfters vorkam, denn die Füße des Schrankes standen gutgeschützt in vier rostigen Blechdosen.

Unter einem Tisch lag ein Ziegenbock und knabberte mit Genuß an einem Brotfladen, unter dem zweiten ein Stapel schmutziger Teller in schöner Eintracht mit dem Spucknapf.

Auf dem Ziegentisch türmten sich Akten so hoch, daß sie bedenklich schwankten, auf dem anderen stand eine vorsintflutliche Schreibmaschine, mit der ein dürrer Mensch einen aussichtslosen Kampf kämpfte. Darüber bemerkte er unser Eintreten nicht, und sein Kollege konnte uns nicht bemerken: Er lag auf dem Feldbett und schlief den Schlaf der Gerechten.

Zhang räusperte sich vernehmlich, ohne Erfolg. Er tippte dem dürren Menschen auf die Schulter – und der schüttelte sich, als wolle er ein lästiges Insekt loswerden.

Inzwischen war ich nicht untätig und zog den Schläfer an einem Zeh. Er gab ein unwirsches Brummen von sich und wälzte sich auf die andere Seite.

In einem Anfall von Verzweiflung schrie Zhang in beachtlicher Lautstärke: »Wir müssen ein dringendes Telegramm in den Westen aufgeben, wo ist der Postdirektor?«

Mit einem Satz sprang der Schläfer auf die Beine, stand militärisch stramm, riß die Augen auf und rief in gleicher Lautstärke: »Hier!« Ich konnte das Lachen kaum verbeißen, die Szene war in ihrer Komik kabarettreif.

»Soll das eine Post sein oder ein Ziegenstall?« fragte Zhang so verärgert, wie ich ihn noch nie erlebt hatte. »Was ist eigentlich hier los?«

Der Postdirektor fühlte sich ungerecht behandelt und sah ihn gekränkt an. »Was soll hier los sein? Nichts – bis ihr gekommen seid! Wir halten die Dienstzeiten genau ein!«

Wider Erwarten gelang es uns dennoch, innerhalb einer Stunde das Telegramm aufzugeben. Als wir wieder auf der Straße standen, rang Zhang um Fassung: »Ich habe keine Geduld mehr, nein, ich habe keine Geduld mehr mit diesen Leuten hier. Sie schlafen den ganzen Tag!«

»Reg dich nicht auf, Zhang«, beruhigte ich ihn, »das gibt's doch nicht – ein Chinese, der in China die Geduld verliert!«

Ein Seufzer, fast so tief wie bei unserer Ankunft in Taxkorgan: »Das *ist* ja nicht China«, stöhnte er, »das gehört nur dazu!«

Taxkurgan wird manchmal mit dem namensgleichen, nur unterschiedlich geschriebenen Taschkurgan im Norden Afghanistans verwechselt. Dort, im Baktrien der Antike, legte Alexander der Große nach seinem dreijährigen Feldzug durch den Vorderen Orient die erste längere Rast ein, um Roxane, die Tochter des Königs zu heiraten. Von da an wurde das Marschtempo seiner Heerscharen merklich langsamer...

Von da an tauchte auch der Ort Taschkurgan in Überlieferungen auf, und die Namensgleichheit der beiden ›Steinstädte‹ führte gelegentlich zu der irrigen Annahme, Alexander sei über die Hochgebirgspässe des Karakorum bis in den Pamir vorgedrungen.

Taxkurgan hat eine lange Geschichte, es ist eine der ältesten Siedlungen an der Seidenstraße. Die Ruinen des aus Stein, Lehm und Stroh gebauten Städtchens liegen auf einem Hügel, eine trutzige Festung, umgeben von Mauern und Zinnen. Bisher wurden keine archäologischen Untersuchungen angestellt, keine Ausgrabungen gemacht. Aber es gibt zufällige Funde von Bauern und Nomaden: kleine Bronzen, Jade, Elfenbein und Münzen, deren Inschriften aus der Han-Dynastie stammen.

Das neue Taxkurgan liegt unterhalb des Hügels und wirkt sauber und modern – sofern man sich nicht ins Postamt verirrt!

Abends gab uns Pamirjan die Ehre, Oberhaupt des gesamten Distrikts. Er hieß uns willkommen und verkündete, daß er einen Begleitjeep zum Khunjerab-Paß bereitgestellt habe, die einzige Möglichkeit für Zhang und Dai zur Rückreise.

Pamirjan ist ein hochgewachsener, gutaussehender Tadschike, gebildet und kontaktfreudig. Er gab sich redlich Mühe, uns den etwas komplizierten Status Taxkorgans zu erklären: »Es ist ein autonomer Kreis innerhalb der autonomen Provinz Sinkiang. Hier leben zwölf nationale Minderheiten, 81 Prozent sind Tadschiken.«

Marco Polo war ihm ein Begriff, auch dessen Beschreibung der fetten Weiden um den Kalakuli-See. »Viehzucht steht noch immer an erster Stelle in unserer Region«, erläuterte er. »Wir ernten aber auch genügend Getreide für den eigenen Bedarf, vor allem Weizen. Darauf sind wir stolz bei den kurzen Sommern in einer Höhe von drei- bis viertausend Metern!«

Der Landkreis Taxkorgan zählt rund 20000 Menschen, 8000 davon haben sich in der Stadt Taxkorgan niedergelassen. Pamirjan ist zufrieden mit seinen Leuten und er verrät auch warum: Für den ganzen Distrikt gibt es nur ein Gefängnis – und das steht leer! Hier leben weder Räuber noch Diebe, schon gar keine Mörder – und ein schlafmütziger Postdirektor ist nur ein harmloser Sünder!

Wenn es aber Verbrecher gäbe – wieviele könnte er ›unterbringen‹? »Wieviele?« Er überlegt – »Ja, zehn Leute würden schon reinpassen.«

»Und wann waren die letzten Spitzbuben eingesperrt?«

»Hmm, wenn ich das nur wüßte«, antwortet Pamirjan gedehnt, »in meiner Amtszeit jedenfalls niemand. Und vorher – keine Ahnung! Es ist einfach schon zu lange her.«

Wir feierten ausgiebig Abschied an diesem letzten Abend, wobei sich unser Gastgeber als trinkfester Mann erwies, der weder Bier noch einen kräftigen Schluck Schnaps verachtete. Er lachte, als wir ihn darauf ansprachen, wie sich das mit seinem islamischen Glauben vereinbaren ließ.

»Wir sind doch keine Ayatollahs«, sagte er, »die Schiiten sind Eiferer und Heuchler dazu. Für uns Ismaeliten ist Toleranz wichtiger als Fanatismus. Zum Glück leben wir auch nicht in Pakistan, wo sie Alkohol streng verbieten und dann heimlich trinken. Ihr müßtet mal die Pakistani hier in Taxkorgan sehen – die sind ganz verrückt auf jeden Tropfen Bier!«

Pamirjan wußte, wovon er redete, er beherrscht fünf Sprachen: neben Tadschikisch Kirgisisch, Uighurisch, Chinesisch und Urdu.

Nachdem ich ihn auf Marco Polo angesprochen hatte, konnte er sich nicht verkneifen, mich ebenfalls auf die Probe zu stellen. »Marco Polo kam aus Europa und reiste über Taxkorgan«, sagte er. »Aber es gibt auch einen ›Marco Polo Chinas‹, der noch 600 Jahre vor ihm in unserer Stadt Rast machte. Wissen Sie, wer das war?«

Gottlob hatte ich meine Lektionen gelernt. »Das war Xuan Zang, der große buddhistische Indienpilger«, antwortete ich.

Pamirjan nickte anerkennend und fragte gleich weiter: »Und wissen Sie, daß der Erfolg seiner Pilgerreise nie so gefährdet war wie hier?«

Nun mußte ich passen, Pamirjan sah es mit Vergnügen.

»Auf dem Rückweg von Indien nach China blieben seine Lastelefanten mit den gesammelten buddhistischen Schriften im Schnee stecken. Beinahe hätte er alles aufgegeben, und es wäre verloren gewesen für die Geschichte.«

Der Moslem Pamirjan war in der Tat ein erstaunlicher Mann – und ich bin sicher, einen besseren Amban findet der Kreis Taxkorgan so schnell nicht wieder!

13
Eine Straße über das Dach der Welt

Als Pamirjan längst gegangen war und die Männer schon schliefen, schlüpfte ich noch einmal in die Daunenjacke und ging ins Freie. Es war eine sternenhelle, frostklare Nacht. Die Stille wurde nur unterbrochen von einer Gruppe Mekka-Pilger, die auf den Treppenstufen zur Herberge lagerten, in Wolldecken gehüllte Gestalten, die schon den ganzen Tag da verbracht hatten, erschöpft von der weiten, beschwerlichen Reise. Sie warteten mit Ergebenheit auf eine Transportmöglichkeit nach Kashgar: Der Bus, der sie von der pakistanischen Seite hierhergebracht hatte, war kurz vor Taxkorgan mit einem Achsenbruch liegengeblieben.

Ich wollte das kleine Tonbandgerät aus dem Wagen holen, um mir die Eindrücke der letzten Tage noch einmal anzuhören. Plötzlich stand einer der Männer neben mir. Er sprach mich in gebrochenem Englisch an und stellte sich als pakistanischer Händler vor, der mit den Pilgern reiste.

»Entschuldige die Störung«, sagte er höflich, »darf ich etwas fragen?«

»Nur zu«, sagte ich, und er fuhr zögernd fort: »Die ganze Stadt spricht von euch und diesen Wagen. Können sie wirklich fliegen? Ich bin kein Narr, der an Märchen glaubt, aber ich habe sie mir genau angesehen – mit so wenig Bodenfreiheit können sie von Kashgar hierher nur geflogen sein, gerade jetzt nach dem Erdbeben.« Jetzt fing das schon wieder an! Diese Geschichte verfolgte uns bis in den letzten Zipfel Chinas!

»Unsinn«, lachte ich ihn aus, »laß dich nicht von dem eleganten Aussehen täuschen. Diese Wagen sind stark und robust und haben Vierradantrieb.«

Er schüttelte eigensinnig den Kopf. »So etwas habe ich noch nie gehört.«

Ich sah, wie begierig er auf den leeren Platz neben mir schaute und lud ihn ein, den bequemen Sitz auszuprobieren. Dabei entdeckte er die Sicherheitsgurte und pfiff durch die Zähne: »Jetzt ist mir alles klar! Gurte zum Anschnallen gibt es nur in Flugzeugen – das hat mir mein Onkel erzählt, der ist Hadschi und war in Mekka und der muß es schließlich wissen!«

Bei so viel Beharrlichkeit gab ich mich geschlagen und erzählte ihm, was er hören wollte: »Du hast recht, du bist ein schlauer Kerl! Aber es ist ein geheimer Test, top secret. Du weißt, die Deutschen sind große Erfinder und unser Chef in Ingolstadt ist der größte von allen. Aber er ist ein sehr strenger Chef und bestraft uns hart, wenn wir etwas verraten.«

Das klang glaubhaft für seine Ohren. Eilig stieg er aus und verkündete den Wartenden die sensationelle Neuigkeit, die er mir entlockt hatte. Als ich zurücklief in die Herberge, rückten sie in ehrfurchtsvollem Schweigen zur Seite.

Es wurde eine kurze, unruhige Nacht. Ich bin nicht abergläubisch, nur – ausgerechnet am Freitag, den 13., über den Khunjerab-Paß in rund 5000 Metern Höhe zu fahren – das war vielleicht doch etwas leichtsinnig. Es soll Leute geben, die solche Tage regungslos im Bett verbringen, weil sie unentwegt Pech haben, wenn sie auch nur das Geringste unternehmen. Natürlich kam mir auch Reinhard Meys vergnügliches Chanson zu diesem Thema in den Sinn, das die Sorgen für eine Weile vertrieb.

Dann war das Lampenfieber wieder da und ich mußte an die beiden pakistanischen Laster aus einem Konvoi denken, die in diesem Sommer von einer Geröll-Lawine erfaßt und in die Tiefe gerissen wurden. Und an die Gruppe von neun Japanern, die im Jahr davor, ebenfalls auf dem Karakorum-Highway, einem Steinschlag zum Opfer gefallen waren.

»Du bist ja ganz blaß um die Nasenspitze«, sagte Hilmar beim Frühstück. Er hatte während der ganzen Fahrt eine bewundernswerte Kondition bewiesen, und wenn ihm diese Höhenregionen bei der Kamera-Arbeit zu schaffen machten, ließ er sich's nicht anmerken. Auch Freitag, der 13., war für ihn kein bedenkliches

Scharfkantiger Schotter im Hochplateau des Pamir bescherte uns manche Reifenpanne.

Die beiden »quattros« waren die ersten Personenwagen und unser Team die ersten Europäer, die mit einer Sondergenehmigung den Khunjerab-Paß überqueren durften.

Audi-Expedition
Seidenstraße

Am Pamir-Knoten treffen drei der gewaltigsten Gebirgszüge der Erde zusammen: Himalaya, Karakorum und Hindukusch.

Der Karakorum-Highway gilt mit Recht als Meisterwerk des Straßenbaus unter schwierigsten Verhältnissen. In zahllosen Kurven windet er sich durch eine grandiose Berglandschaft.

Der Eisgipfel des Siebentausenders Rakaposhi überragt das liebliche Hunza-Tal.

Entlang dem Lauf des Indus folgt der Karakorum-Highway einem Südarm der historischen Seidenstraße.

Datum. »Da kann nur eines Unglück bringen«, meinte er, »schwarze Katzen, die von rechts nach links über den Weg laufen und dabei schielen!«

Unter diesem Gesichtspunkt konnten wir getrost starten. Einer schielenden schwarzen Katze waren wir im Reich der Mitte bisher nicht begegnet!

Die Bergkulissen um Taxkorgan leuchteten im ersten Morgenlicht, Pamirjan erschien in blendender Laune pünktlich samt Fahrer und Jeep. Nur Zhang war bekümmert und deutete auf die Mappe unter seinem Arm: »Heute keine Photos«, sagte er, »zum allerletzten Mal. Hier ist militärisches Gebiet, die Grenzen zur Sowjetunion, zu Afghanistan und Pakistan sind nicht weit entfernt.«

Das war eine plausible Begründung. Und wir waren zufrieden, daß wir diese, bisher für Drittländer gesperrte Strecke überhaupt fahren durften. Ohne Bilderpausen kamen wir flott voran und näherten uns den Schneegipfeln auf dem Dach der Welt.

Die deutschen Brüder Hermann, Adolph und Robert Schlagintweit haben dieses Gebiet zwischen 1854 und 1857 in exakter wissenschaftlicher Arbeit erforscht und kartographisch aufgenommen, darunter 63 Gletscher. Sie legten 29000 Kilometer in Gegenden zurück, die bis dahin absolut weiße Flecken auf den Landkarten waren – alles zu Fuß oder zu Pferd, mit Kamel oder Yak und im Boot. Adolph von Schlagintweit bezahlte seine Forscher-Leidenschaft mit dem Leben. Er wurde am 26. August 1857 in Kashgar auf Befehl des fanatischen Moslemführers Vali Khan ermordet, der einen Spion in ihm vermutete.

Neben den Pionierleistungen der drei Brüder, ihrer kaum vorstellbaren Willenskraft, Ausdauer und Fleißarbeit kamen wir uns ganz klein vor – je höher die Berge wurden, um so kleiner! Wohl waren wir die ersten Europäer, die mit eigenen Wagen diese Strecke befuhren. Unser Verdienst lag nur darin, daß wir die Gunst der Stunde genutzt und die Genehmigung durchgefochten hatten. Die Leistungsfähigkeit der Expeditions-Wagen war Verdienst der Ingenieure bei Audi.

An der Zollstation, 38 Kilometer vor der chinesischen Grenze, wurden wir bereits erwartet. Ein junger Beamter aus Shanghai war kürzlich hierher versetzt worden. Er hatte in seiner Heimatstadt die Fernseh-Übertragung von der Pressekonferenz im Konsulat gesehen, Berichte in verschiedenen Zeitungen über die Testfahrt entlang der historischen Seidenstraße gelesen und wartete nun täglich auf unsere Ankunft. »Da seid ihr ja endlich!« rief er freudig, »ich wußte doch, daß ihr kommen würdet!«

Nun war es soweit: Die chinesischen Nummernschilder wurden ausgetauscht in Ingolstädter Kennzeichen. Der Zöllner betrachtete sehnsuchtsvoll die 08, die Zahl für Shanghai. Die Anweisung seiner Dienstherren, eine Millionenstadt mit diesem weltabgeschiedenen Winkel zu vertauschen, kam einer Verbannung gleich. Kein Wunder, daß er Heimweh hatte. Wir brachten etwas Abwechslung mit und rechneten ihm hoch an, daß er uns dessen ungeachtet zügig abfertigte.

Hatten wir Fahrräder dabei? – Nein? Keine Nähmaschinen und keinen Fernseher? – Gut – dann gab es auch keine Zollprobleme!

Auf ein Durchsuchen von *Silbermond* und *Purpursonne* verzichtete er großzügig, und wir schenkten ihm als Erinnerung eine kleine Anstecknadel mit den Miniatur-Flaggen beider Länder, als Zeichen der chinesisch-deutschen Freundschaft.

Der Schlagbaum der zweiten Grenzstation lag in der luftigen Höhe von 4490 Metern. Sechs Soldaten, die aussahen, als seien sie direkt von der Schulbank in Uniform gesteckt worden, bewachten hier die einsame Grenze. Sie freuten sich wie Kinder über Photos aus der Sofortbildkamera und vergaßen darüber das Verbot. Sie kletterten auf die Dachzelte, stellten sich in Pose, fragten, ob wir Tee trinken wollten und warfen nur einen prüfenden Blick auf Visa, Sondergenehmigung und Ausreisestempel.

Auf einer angerosteten Hinweistafel stand in Blocklettern und in chinesischen Schriftzeichen: PAKISTAN-CHINA FRIENDSHIP HIGHWAY – TRANSIT VEHIKELS KEEP TO RIGHT. Und auf der Rückseite das gleiche, nur LEFT, statt RIGHT.

Jetzt war es an der Zeit, auch die mühsam erworbenen chinesischen Führerscheine zurückzugeben. Wir wußten, daß Zhang sie uns gerne als Souvenir überlassen hätte, wollten ihn aber nicht in Verlegenheit bringen. Er fürchtete den spitzen Finger und den langen Arm von Tante General selbst hier!

Neunundzwanzig Kilometer danach hatten wir die Paßhöhe erreicht. Murmeltiere machten neugierig Männchen und pfiffen, ein Adlerpaar segelte durch die Lüfte, und ein eisiger Wind fegte um das Schild mit der Aufschrift »KHUNJERAB-PASS 16000 feet«. Das sind umgerechnet 4876 Meter; in unseren Landkarten schwanken die Höhenangaben zwischen 4890 und 5100 Metern.

An den beiden verwitterten Grenzsteinen stiegen wir aus, und ich wartete vergeblich auf das große Triumphgefühl: Wir haben's endgültig geschafft – wir sind die ersten Deutschen, die ersten Europäer, ja sogar die ersten Menschen, die mit zwei Personenwagen diesen Paß überqueren – würdig für das Guiness-Buch der Rekorde.

Doch statt Triumphgefühlen überkam mich Traurigkeit, wie die Wolken, die aus den Tälern zogen und den Himmel verdüsterten. Zhang und Dai hatten ihre Brillen abgenommen, putzten die Gläser und fuhren verstohlen mit dem Handrücken über die Augen. Der aufgewirbelte Sandstaub, gemischt mit winzigen Schneekristallen brannte. Dann sah ich, daß es nicht der Staub war. Beide weinten lautlos.

Mir war selbst zum Weinen zumute, dennoch konnte ich es nicht glauben. Es gehört zu den chinesischen Grundprinzipien, das Gesicht zu wahren und Gefühle zu beherrschen. Beide rangen um Fassung, Tränen rollten über Zhangs Wangen, er versuchte nicht mehr, sie abzuwischen, und ich umarmte ihn spontan. Daneben schluchzte Dai und als ich durch einen Tränenschleier wieder etwas wahrnehmen konnte, sah ich, daß auch Hilmar weinte. Selbst unsere beiden großen, starken bayerischen Mannsbilder hatte es erwischt.

Zhang konnte kaum reden und bedankte sich mit tränenerstickter Stimme: »Ohne euch hätte ich nie Gelegenheit gehabt, meine Heimat so gut kennenzulernen. Kommt ihr wieder?«

Keiner hatte geahnt, wie sehr uns der Abschied zu Herzen gehen würde. Wir winkten, bis unsere Freunde wie kleine Schattenfiguren auf der Paßhöhe verschwanden.

Bis zur pakistanischen Zollstation *Sost* war die Nachricht über unsere Sondererlaubnis noch nicht vorgedrungen. Als wir über einen Monat vorher Shanghai verließen, wußten wir noch nichts Verbindliches. Mit etwas Herzklopfen und Hoffnung setzten wir auf das diplomatische Geschick des deutschen Botschafters Gerd Berendonck in Islamabad.

Von Kashgar aus riefen wir Beijing an (die einzig mögliche Telefonverbindung) und hörten von unserem dortigen Botschafter Dr. Per Fischer eine Freudenbotschaft: »Die Pabels sind einfach Glückspilze«, sagte er in seiner charmantlässigen Art. »Ihr Gesuch wurde trotz des chinesischen permits von Pakistan abgelehnt – und schließlich auf höchster Regierungsebene doch genehmigt. Bedanken Sie sich bei meinem Kollegen Berendonck.« Dazu sollten wir – zu unserer eigenen Überraschung – bald Gelegenheit haben.

An der Grenze in Sost fanden wir hilfsbereite, aber hilflose Zöllner, die einer nie dagewesenen Situation gegenüberstanden: Zwei deutsche Wagen kamen einfach aus China!

Während einiger Stunden hatte ich ausgiebig Gelegenheit, das Carnet de Passage aus dem Französischen ins Englische zu übersetzen. Der Oberzollinspektor kannte zwar die Gültigkeit eines solchen Papiers in seinem Land, war jedoch der französischen Sprache nicht mächtig.

Es war ein gemütlicher Nachmittag. Abwechselnd telefonierten und beteten die Grenzbeamten und brachten unermüdlich Tee mit Ziegenmilch. Alois schüttelte sich nach dem ersten Schluck wie ein nasser Kater und flüchtete ins Freie. Er kramte Kocher und Pfanne aus dem Gepäck und brutzelte den Rest der chinesischen Hammelkeule unter den wohlgefälligen Blicken der Pakistani, die daraus schlossen, daß wir etwas so Widerwärtiges wie Schweinefleisch verachteten, obgleich wir Ungläubige waren.

Gegen Abend durften wir weiterfahren und blieben die erste Nacht in Gulmits »Marco Polo Inn«, einem Rasthaus mit herrlichem Blick zurück auf die Bergmassive um den Khunjerab-Paß und den Batura-Gletscher. Es war eine kleine Idylle – der Garten stand in voller Blüte, keine schielende schwarze Katze war uns über den Weg gelaufen, die Zahl 13 hatte uns kein Mißgeschick gebracht und die Freude darüber wurde nur durch eine Feststellung etwas getrübt: Es gab kein Bier mehr. Ich hatte vergessen, einen Vorrat einzukaufen, und Florian hatte Alois – aus Bedenken vor dem pakistanischen Zoll – überredet, nichts mitzunehmen aus China. Ihm blieb die Durststrecke erspart, denn er flog von Gilgit aus vorzeitig zurück nach München.

So stellten wir uns zu dritt seelisch auf eine enthaltsame Zeit ein. Und Alois nahm's mit Fassung: »Wer Traubenbier in Sinkiang übersteht und Ziegenmilchtee, der kann auch eine Weile mit Wasser auskommen. Eine richtige Maß daheim schmeckt dann umso besser!«

Der Weg von Gulmit führte durch das malerische Hunzatal mit seinen grünen Reisterrassen, überragt vom Eisgipfel des Rakaposhi.

Es erinnerte mich an Bilder aus der Vergangenheit, aus der Zeit, als ich noch ein Journalisten-Küken war und in Nachtstunden Expeditions-Berichte der DÖHKE tippte, der ›Deutsch-Österreichischen-Himalaya-Karakorum-Expedition‹ unter Mathias Rebitsch.

Unser Freund Martin Schliessler verdiente sich damals seine Sporen als junger Kamera-Assistent – heute ist er ein weltweit bekannter Dokumentarfilmer. Aus seinen Schilderungen weiß ich, wie gefährlich noch in den fünfziger Jahren Erkundungsfahrten in dieser Gegend waren: Im Hunzatal gab es nur Saumpfade, der Kartograph der Expedition, Karl Heckler, stürzte tödlich ab, als ein Stein hoch über dem Fluß ausbrach.

Damals war der Bau eines Karakorum-Highways nichts als eine kühne Idee, deren Planer nicht ahnten, welchen extremen Schwierigkeiten sie gegenüberstehen würden. Manche Sprengungen hoch über dem Indus lösten drei Kilometer breite Steinschlagfronten aus. Preßluftbohrer und Kompressoren wurden von den Arbeitern zerlegt und auf dem Rücken in die Basislager geschleppt oder mit Seilwinden an den Felswänden emporgezogen.

Für die Bergbewohner dieser Regionen waren glatte, ebene Flächen unbekannt und eine angenehme Neuerung. Abends zogen ganze Familien aus ihren Dörfern herbei und legten sich auf der Straße schlafen. Fahrten der Baukolonnen nach Einbruch der Dunkelheit mußten abgesagt werden, weil es unmöglich war, ständig Menschen und Haustiere von der Fahrbahn zu vertreiben. Einer der Straßenbau-Pioniere, der pakistanische Major Gulam Butt, fuhr 1961 im Jeep über eine gerade fertiggestellte Teilstrecke. Hinter dem Ort Torkamar kamen ein paar Männer auf ihn zu. Sie hatten noch nie ein Auto gesehen, brachten einen Krug Wasser und stellten ihn vor den Kühler: »Der Berg hier hat es in sich«, sagte ihr Anführer, »das Tier schnauft so – sicher ist es durstig!« Auch in der tibetischen Sprache soll es bis Mitte der fünfziger Jahre kein angemessenes Wort für Auto gegeben haben: Es wurde mit »eisernem Yak« umschrieben.

14
Gilgit, Shangri-La und Khaplu

Ehe wir Gilgit erreichten, kauften wir in einem kleinen Marktflecken Obst. Hier in Pakistan wurden *Silbermond* und *Purpursonne* bei weitem nicht so bestaunt wie in China. Dennoch liefen die Leute zusammen, schauten durch die Scheiben und als sie den Medikamenten-Koffer mit dem auffälligen roten Kreuz gewahr wurden, meldete sich sogleich ein Patient. Er wickelte einen schmutzigen Lappen von der linken Hand und streckte sie durchs Wagenfenster.

Sie sah böse aus, dick geschwollen und vereitert. »Gibt es keinen Arzt bei euch?« fragte ich.

Er schüttelte den Kopf, und ein anderer Mann trat neben ihn. Es war der Dorfschullehrer, der leidlich Englisch sprach: »In Gilgit gibt es viele Ärzte, hier war auch einer, aber seit zwei Wochen ist er weg!«

»Dann soll er doch nach Gilgit mit dem Bus fahren«, schlug ich vor.

»Unmöglich, wir sind mitten in der Ernte. Kannst du ihm nicht helfen? Er hat große Schmerzen.«

Der Lehrer deutete auf den Medikamenten-Koffer und der Patient hielt mir anklagend seine Hand unter die Nase. »Gut, ich will's versuchen, aber ich bin kein Arzt.«

Diese Einschränkung wurde gar nicht beachtet. Der Patient setzte sich erwartungsvoll auf eine Holzbank mitten im Markt, ich öffnete den Metallkoffer, breitete ein reines Tuch auf dem Kühler aus und legte Desinfektionsmittel und Skalpell zurecht.

Sobald mein Patient die blitzenden chirurgischen Instrumente erblickte, war ihm nicht mehr geheuer. Seine Schnurrbartspitzen zitterten, er rückte unruhig hin und her. Auch Alois und Florian hatten es plötzlich eilig und zogen sich verdächtig schnell zurück. Ehe ich mich versah, saß Alois am Steuer und Florian sagte: »Wir fahren schon mal voraus nach Gilgit und halten Ausschau nach einem Quartier.«

Weg waren sie.

Der Patient stand wieder auf, doch die Schaulustigen schienen nicht gewillt, sich das bevorstehende Spektakel entgehen zu lassen. Zahlreiche Hände packten zu und drückten ihn wieder auf die Bank. Er sträubte sich heftig, die anderen redeten ebenso heftig auf ihn ein.

»Los, fang schon an«, drängte der Lehrer unberührt von dem Widerstand. Ich zögerte noch immer, dann nahm ich Tupfer und Desinfektionsmittel, das Hilmar mir zureichte, und säuberte vorsichtig die Hand. Der arme Patient zuckte zusammen und wimmerte leise vor sich hin. Seine Augen wurden starr vor Schreck, als ich das Skalpell nahm. Da band ihm der Lehrer kurzerhand einen Schal über die Augen.

»Allah, Allah«, schrie das Opfer lauthals, obwohl ich bisher noch keinen Finger gerührt hatte. Ich bekam Mitleid, aber nun drängte auch Hilmar und sagte: »Genug des grausamen Spiels!« Zwei kurze tiefe Schnitte – das Publikum murmelte anerkennend, als es Blut sah, und der Patient stöhnte so jammervoll, daß ich ihm gleich noch eine schmerzstillende Spritze verabreichte. Als er dann seine sauber verbundene Hand betrachtete, konnte er schon wieder lächeln. Er gab Hilmar (nicht mir!) als Honorar zwei Äpfel und zwei Eier, und ich ließ ihm über den Lehrer sagen, es sei nötig, in den nächsten Tagen einen richtigen Arzt aufzusuchen.

In *Gilgit* wollten wir Hilmars fünfundsiebzigsten Geburtstag feiern. Dabei hatten wir uns ein Beispiel an Sven Hedin genommen, der 1935 am Ende seiner letzten Reise über die Seidenstraße siebzig Jahre jung wurde:

»Ein ewiger Globetrottel wie ich kann nicht daheim im Schaukelstuhl auf ein

Der Weg zum »Paradies« ist steinig und führt mitten durch das Geröll eines ausgetrockneten Flußbettes.

Shangri-La, der »Himmel auf Erden« genannt, liegt im Herzen Baltistans an einem kristallklaren See.

Nahe der Ortschaft Khaplu wird das fruchtbare Tal zur Wüste. Heftige Windböen wirbeln den feinen Sand hoch.

Sobald das Unwetter sich legt, laufen die Kinder aus dem Dorf herbei – windzerzaust, etwas ängstlich – aber die Neugierde ist stärker!

Begegnung am Wegrand: Ein baltistanischer Bauer mit seinen drei Töchtern.

Verschmitzt und scheu zugleich lächelt die Jüngste des »Dreimäderlhauses« in die Kamera.

Ständchen vom Gesangverein warten«, meinte Hilmar, »lieber unrasiert und fern der Heimat!«

In Shanghai hatte uns der deutsche Generalkonsul Werner Handke für dieses Ereignis eine Flasche Champagner geschenkt, die ich wohlverpackt und gut versteckt durch das ganze Reich der Mitte gebracht hatte und – Allah möge es verzeihen – auch am pakistanischen Zoll vorbeischleuste. Mit diesem weitgereisten edlen Tropfen planten wir auf Hilmars Wohl und seine Gesundheit anzustoßen. Dabei wußten wir bei der Ankunft in Gilgit nicht, daß sich pünktlich zwei besonders liebe Gratulanten einfinden würden – der deutsche Botschafter Gerd Berendonck und seine Frau Friedel. Sie hatten eine lang geplante Reise in den Norden mit dieser Überraschung verbunden. Und darüber hinaus wollten sie uns für den Fall unvorhergesehener Schwierigkeiten am Khunjerab-Paß ›loseisen‹ – im wahrsten Sinn des Wortes.

»Ihr Unternehmen hat schon so viele Schwierigkeiten auf der diplomatischen Bühne gemacht«, sagte der Botschafter. »Da wollte ich vermeiden, daß es im letzten Moment scheitert. Ich weiß, wie lange der Dienstweg einer Sondergenehmigung von Islamabad bis Sost sein kann!«

Er brachte Hilmar zu seinem Ehrentag einen Karton deutsches Bier mit, eine hochgeschätzte Gabe in moslemischen Landen...

In Islamabad sollte bis zu unserem Eintreffen eine Pressekonferenz vorbereitet werden und eine Doppelfeier in der Botschafter-Residenz: zum erfolgreichen Abschluß der Expedition und als Nach-Geburtstag. »Keine Vorschußlorbeeren!« warnte Hilmar lachend, »wir sind noch nicht da. Wir haben noch ein gutes Stück Karakorum-Highway vor uns und einen Seitensprung nach Baltistan.«

»Was soll jetzt noch passieren«, meinte der Botschafter, »das Schwierigste haben Sie doch hinter sich.«

Und ich bestärkte ihn übermütig in diesem Optimismus: »Nach dem, was uns schon alles passiert ist, hätte uns längst etwas passieren müssen, wenn uns überhaupt etwas passieren könnte!«

Den ›Seitensprung von der Seidenstraße‹ hatten wir schon lange eingeplant: Das Industal ist weithin sandig und felsig, in den Tälern, die davon abzweigen, liegen Felder und saftige Weiden. Aus dieser fruchtbaren Gegend waren schon in alten Zeiten Lebensmittel wie Fleisch, Getreide und Obst zur Versorgung der Handelskarawanen gekommen. Auch jetzt noch sind die Hirse-Ernten so reich, daß sie den Eigenbedarf übersteigen.

In den ersten Jahrhunderten unserer Zeitrechnung hatte das freie, weltoffene Fürstentum Bolor sein Zentrum im heutigen Baltistan, das auch Tibet-i-Kurd oder Klein-Tibet genannt wird. Erst die erzwungene Hochzeit des Fürsten mit einer tibetischen Prinzessin beendete 740 n. Chr. die Unabhängigkeit von Bolor, machte es zu einem wechselweise tibetischen und chinesischen Vasallenstaat mit Marionetten-Herrschern.

Macht und Bedeutung vergingen – am landschaftlichen Reiz hat sich nichts geändert. Nach der finsteren, unwirtlichen Felsschlucht des Indus (mit rund 100 km die längste der Erde) öffnet sich der Blick auf ein grünes Tal, umgeben von einer zauberhaften Bergkulisse.

So ist es auch nicht verwunderlich, daß clevere Hotelmanager an dem kristallklaren *Honeymoon-Lake* den »Himmel auf Erden« erbaut haben, der schon in Gilgit auf Holztafeln und jedem bemalbaren Stein groß angepriesen wird als »Shangri-La – Heaven on Earth«.

Mit dem Shangri-La aus James Hiltons fantastischem Roman *Irgendwo in Tibet* hat es allerdings nichts gemeinsam als den Namen. Zwischen Apfelbäumen, alten Weiden, Blumenbeeten und Rosenbüschen stehen Bungalows auf gepflegtem Rasen. Ein See-Pavillon in Pagodenform dient als Restaurant, und wer mag, kann auch in einer ausrangierten Fokker-Friendship wohnen, die als »Oriental Skyliner« für 900 Rupien (rd. 180,– Mark) pro Nacht vermietet wird. Es ist ein Paradies mit kleinen Fehlern und einem Hauch von Kitsch.

Hier feierten wir Hilmars Geburtstagsabend und genossen danach den einzigen Rasttag der Reise in vollen Zügen. Wir faulenzten in der Sonne, auf dem See schwammen weiße Enten, und am Ufer übte sich eine Gruppe gutgekleideter Pakistani im Forellenangeln. Ich rief laut »Petri Heil«, als nach vielen vergeblichen Versuchen eine Prachtforelle an der Angel zappelte. Der glückliche Fischer drehte sich um – und zu meinem Erstaunen erkannte ich den Zollinspektor aus Sost. Gleich regte sich bei mir das schlechte Gewissen, doch er war nicht gekommen, um nach der geschmuggelten Champagner-Flasche zu fahnden! Er überreichte uns die frische dreipfündige Forelle mit Grandezza und den besten Wünschen für eine angenehme Weiterreise.

Der Ort *Khaplu* war für uns Endstation in Baltistan. Wie schon in China wollten wir auch hier ein ›Dorf am Ende der Welt‹ sehen. Und obendrein reizte es uns, zum Abschluß eine Piste zu fahren, die nur für Geländewagen geeignet ist. Wir hatten noch immer nicht genug!

Für etwas mehr als einhundert Kilometer brauchten wir sechs Stunden. Wilde Tauben nisteten in den Felsen, Wachteln und schwarze Salamander huschten über den Weg. Auf weite Strecken verwandelte sich die Landschaft wieder in Wüste, sie erinnerte uns an die Taklamakan.

In den Dörfern wurde die Ernte eingebracht – Hirse, Mais, Kürbisse, Äpfel und Nüsse. Die Bauern waren so freundlich zu uns, daß wir nicht zurückstehen wollten: Zuerst nahmen wir einen alten Mann mit, der nach etwa zwanzig Kilometern wieder ausstieg und wie eine Gemse über Steine und Geröll im Niemandsland verschwand. Die nächsten Fahrgäste waren drei Schüler. Mutig kratzten sie ihre paar Brocken Englisch zusammen und begannen ein Gespräch: »Are you Moslem, Sir?«

»Nein«, sagte ich, »ich bin kein Moslem und auch kein Sir.«

»Are you rich, Sir?« Ich verneinte auch, reich zu sein, aber sie wußten es besser: »Oh yes, you are rich, Sir, you have good car. No money, no car. So please give us five Rupies for exercise-book!«

Überzeugt von dieser Logik legte ich in jede der drei kleinen braunen Hände die erbetenen fünf Rupien und ein Stückchen Seife dazu, als sie wieder aus dem Wagen kletterten. »Thank you, Sir«, krähten sie im Chor und rannten wieselflink davon, damit ich mir's nicht anders überlegen konnte.

Mein dritter Mitfahrer hatte einen dichten schwarzen Bart und sah aus wie einer von Ali Babas vierzig Räubern. Er hängte mir schon in der ersten Viertelstunde einen Floh an und roch intensiv nach Ziegenstall. Die Kurverei gefiel ihm so gut, daß er mir bis Khaplu erhalten blieb.

Alois rümpfte die Nase, noch ehe ich die Wagentür öffnete. »Der Duft, der eine schöne Frau begleitet«, sagte er mit einem mißbilligenden Blick auf Ali Baba. »Mußt Du immer die letzten Eseltreiber einladen? Der Kerl gehört mal mit einer Wurzelbürste im Fluß abgeschrubbt!«

Ich war kleinlaut und froh, daß Hilmar und Alois nicht gleich sahen, was ich unterwegs angestellt hatte: Als ich den Floh fangen wollte, übersah ich einen seitlich aus der Felswand herausragenden Stein und schrammte den getreuen *Silbermond* vom Kotflügel bis zur hinteren Tür auf.

Die verdiente Schelte fiel glimpflich aus. Alois sagte gar nichts und dachte sich seinen Teil: Frau am Steuer! Hilmar fand sogar tröstliche Worte: »Besser ein paar Kratzer als Hals über Kopf in den Indus fallen. Bei *dem* schmalen Weg!«

Ali Baba war anhänglich und verließ uns nicht mehr an diesem Abend; vermutlich wollte er uns noch ein paar Flöhe vererben. Er hockte sich neben unserem Lagerplatz nieder und schaute zu, wie wir die Dachzelte aufschlugen. Auch der Regen, der bald darauf einsetzte, vertrieb ihn nicht. Der erste heftige Regen seit Shanghai!

Wir verzogen uns unter das Vordach eines leerstehenden Lehmhauses, und während wir noch überlegten, ob wir das Abendessen durch stramme Haltung ersetzen sollten, tauchten aus der Dunkelheit einige Männer mit Laternen auf. Sie brachten eine Kanne mit heißem Tee – und noch einen Fisch, frisch aus dem Fluß und fast so groß wie die Seeforelle. Sie luden uns ein, am nächsten Tag das Dorf anzusehen und den Palast des einstigen Radscha hoch über dem Tal.

Um ins Dorf zu kommen, mußten wir mitten durch das Geröll eines breiten ausgetrockneten Flußbettes. Mir taten die Wagen leid. Ein Wunder, daß sie nicht längst streikten, bei allem, was ihnen zugemutet wurde – in meinen Augen hatten sie einen Orden verdient.

Am Dorfrand ließen wir sie stehen, gingen zu Fuß weiter und bewunderten die zweistöckigen Häuser mit den kunstfertig geschnitzten Ornamenten an Fenstern und Türen. Die Bewohner Khaplus sind wie alle Baltistani längst Moslems, doch in den engen Gassen wehen Gebetsfahnen – Erinnerung an ferne Zeiten, als das ›Klein–Tibet‹ Pakistans und das ›Klein-Tibet‹ im benachbarten Kashmir (Ladakh) noch *ein* buddhistisches Land waren.

Auch die Burg des Radscha war im tibetischen Stil erbaut worden und ähnelte den trutzigen Klosteranlagen Ladakhs. Früher ein schmuckes Bauwerk vom Aussehen einer Gompa (eines tibetischen Klosters), bot sie nun einen traurigen Anblick: Die Mauern zerfielen, das Holz verrottete, die Farbe blätterte ab, niemand wollte die Kosten einer Restaurierung übernehmen.

Auf dem Rückweg von Khaplu über Skardu, Baltistans Haupt-›dorf‹, und Shangri-La nach *Gilgit* warfen wir immer wieder fromme Blicke nach oben zu den lose in den Hängen steckenden Felsblöcken und Steinen. Reserverad und Dachzelte hätten wohl kleinere Exemplare aufgefangen – bei größeren wäre uns die Rückreise erspart geblieben.

Ehe wir zum Endspurt nach Islamabad und zur afghanischen Grenze aufbrachen, hielten wir in Gilgit Ausschau nach einem Namensvetter des *Silbermondes,* nach dem Veteranen *Silberner Halbmond* der legendären ›Gelben Expedition‹ in den Jahren 1931 bis 1932.

Dreizehn Kettenfahrzeuge der Firma Citroën waren damals zu einem Mammut-Unternehmen mit zweiundvierzig Teilnehmern unterwegs: Sieben der Fahrzeuge gehörten der Gruppe China an, die im Osten startete, sechs der Gruppe Pamir, die ihren Ausgangspunkt im Westen hatte. Das kühne Ziel der Expedition war ein Treffen beider Gruppen in Zentralasien – was die Überquerung der Hochgebirgsregionen auf dem Dach der Welt voraussetzte. Welche Schwierigkeiten dem Plan zu jener Zeit entgegenstanden, läßt sich heute kaum mehr ermessen. Es gab keine Straßen, nicht einmal befestigte Pisten, und über die Pässe des Himalaya führten nur ausgewaschene Saumpfade, die teilweise abgerutscht waren.

Vier Wagen der Pamir-Gruppe blieben in Srinagar zurück, zwei versuchten den Bursil-Paß zu überwinden. An seinem Fuß lagen fünf Meter Schnee, an den gefährlichsten Stellen mußten die Kettenfahrzeuge auseinandergenommen und die Einzelteile von Trägern weitergeschleppt werden. Nach unsäglichen Strapazen erreichten die Franzosen unter ihrem Expeditionsleiter Georges-Marie Haardt Gilgit, dessen Bewohner zum ersten Mal Autos erblickten.

Hier endete das wagemutige Unternehmen für die Fahrzeuge. Einer der beiden Wagen, der *Goldene Skarabäus* wurde erneut zerlegt und von den Mechanikern nach Paris zurückgebracht, während der *Silberne Halbmond* an Ort und Stelle blieb. Haardt und einige Getreue, ein ›Fähnlein der sieben Aufrechten‹, kauften Kamele und Yaks, zogen mit ihnen weiter über den Pamir und trafen schließlich in Sinkiang eine Abordnung der China-Gruppe.

Und eben diesen historischen *Silbernen Halbmond* wollten wir in Gilgit finden, um ihn zusammen mit seinem jungen Audi-Vetter abzulichten. Leider blieb er trotz fleißigen Suchens verschwunden, niemand wußte, was mit ihm geschehen war. »Vergeblich«, hätte Zhang gesagt, wäre er noch bei uns gewesen. (Der *Goldene Skarabäus* ist übrigens noch in einer der Lagerhallen von Citroën in Paris erhalten geblieben, wenn auch ohne Motor.)

15
Endspurt zum Khyber-Paß

In zahllosen Kurven windet sich der Karakorum-Highway in die Täler durch ein Dreieck von 80 Quadratkilometern, aus dem zwölf der sechzehn höchsten Berge der Erde aufragen, darunter der Nanga Parbat und der K 2.

Der Highway ist eine Straße über das Dach der Welt, deren Bau zwanzig Jahre gedauert und ungezählte Menschenleben gekostet hat. Nach inoffiziellen Schätzungen sollen 2000 Pakistani und 500 Chinesen dabei umgekommen sein. Über die finanziellen Kosten schweigen sich die Nachbarländer aus.

Durch eine grandiose Hochgebirgslandschaft folgt er dem Lauf des Indus und einem Südarm der alten Seidenstraße; er wird mit Recht als Wunder der Straßenbaukunst unter schwierigsten Verhältnissen gewürdigt. Auf beiden Seiten der Grenze arbeiteten zeitweise mehr als 25000 Männer gleichzeitig und sprengten ihn an vielen Stellen aus fast senkrechten Felsabstürzen. 1978 wurde er eröffnet, für Ausländer blieb er geschlossen. Die Diskussion, ihn allgemein freizugeben, zog sich über Jahre hin, und der Termin wurde stets von neuem verschoben. Im Mai 1986, während ich diese Zeilen schreibe, war es dann soweit.

Das Abwarten auf beiden Seiten hatte triftige Gründe.

Zum einen ist die politische Lage in diesem ›Fünfländereck‹ zwischen Pakistan, Afghanistan, der Sowjetunion, China und Indien brisant. Zum anderen bleibt die Strecke auch als durchgehend asphaltierte Allwetterstraße gefährdet: Erdrutsche und Steinlawinen gehören zum Alltag. Auch unser *Silbermond* entging bei Torkamar nur um Haaresbreite einem Felsbrocken, der zwischen beiden Wagen auf die Straße schlug – und das war nach Freitag, dem 13.!

Beschreibungen, nach denen der Karakorum-Highway »Hochgeschwindigkeits-Charakter« haben soll, sind reichlich überzogen. Das ist schon wegen der vielen Kurven nicht möglich, und in den tieferen Regionen herrscht zu starker Gegenverkehr.

Der rund 800 Kilometer lange Karakorum-Highway, über den wir von Gilgit nach Süden fuhren, heißt auch »Freundschafts-Straße«, ist aber nicht aus reiner Freundschaft zwischen beiden Ländern entstanden. Strategische wie wirtschaftliche Gesichtspunkte spielten bedeutende Rollen: China hat damit für seine westlichen Provinzen einen Zugang zum Meer, der bis Karachi bedeutend kürzer ist als der Weg zur eigenen Hafenstadt Shanghai. Und Pakistan erschloß ein Gebiet mit reichen Bodenschätzen. Eisenerz, Blei, Kupfer wurden bei Probebohrungen gefunden, auch Edelsteine wie Saphire, Smaragde, Granate und Rubine.

Durch diese Täler und Berge zog im 4. Jahrhundert v. Chr. Alexander der Große mit seinem Heer. Hier hatte das legendäre Gandhara-Königreich sein Zentrum, dessen Kultureinflüsse sich bis an den östlichen Rand der Taklamakan erstreckten, bis zu den »Höhlen der tausend Buddhas«.

Es lag nahe, daß die verwehten Spuren jener Zeit auch in Nordpakistan nicht schwer zu finden waren. Dennoch gab es keine archäologischen Untersuchungen, bevor mit dem gigantischen Bauprojekt begonnen wurde. Und da die Straße vielfach durch kaum erforschtes Gelände führte, wußten weder die Chinesen noch die Pakistani, auf welch unerbittlichen Kampf mit der Natur sie sich einließen – auf glühende Hitze im Industal und bittere Kälte in den Gletscherzonen. Sturmgeschwindigkeiten bis zu 150 Stundenkilometern schleuderten mehrfach Sprengtrupps aus Felswänden in tiefe Schluchten.

Die Probleme beruhten teilweise auch auf Unkenntnis der geologischen Verhältnisse. Dies macht verständlich, weshalb weder Zeit noch Geld noch Interesse für eine historische Bestandsaufnahme vorhanden war. Die Ingenieure hatten bei den Sprengungen an den Felswänden zwar unbekannte Schriftzeichen und selt-

Vorbei an dem Achttausender Nanga Parbat führt die Straße nach Süden.

In den kargen Bergregionen Pakistans putzen sich Nomadenfrauen besonders hübsch heraus. Sie verhüllen die Gesichter nicht wie viele ihrer seßhaften Schwestern.

Für uns endete die Seidenstraße vor dem Khyber-Paß und dem sowjetisch besetzten Afghanistan.

»Purpursonne« flog im Heck eines Jumbos mit uns zurück nach Deutschland.

same Darstellungen von Mensch und Tier entdeckt, ihnen jedoch keine weitere Beachtung geschenkt.

Lange vor ihnen war schon Sir Aurel Stein bei der Anreise nach Sinkiang auf die eigenartigen Felsmalereien gestoßen. Er hat darüber auch berichtet, sich aber nicht damit aufgehalten, sondern ist in Eilmärschen über den Pamir ins Tarimbekken gezogen, um den Wettlauf um die Erkundung der antiken Wüstenstädte nicht zu verlieren.

Erst in jüngster Zeit, seit 1979, arbeiten am Karakorum-Highway deutsch-pakistanische Expeditionen. Der Heidelberger Professor Karl Jettmar, sein engster Mitarbeiter Dr. Volker Thewalt und ein kleines Team fanden, was ihre kühnsten Erwartungen übertraf: 1500 Inschriften und mehr als 10000 Felszeichnungen, über die sie in ihrem Buch *Zwischen Gandhara und den Seidenstraßen* berichteten. Entlang dem pakistanischen Teil der Seidenstraße, besonders in der Gegend um Chilas, registrieren, fotografieren und enträtseln die Ethnologen Zeugnisse einer versunkenen Epoche.

Wir hatten Glück und trafen Volker Thewalt, der sich mit Elan und Begeisterung der Erforschung der Felsbilder widmet. Mit ihm verbrachten wir einen Abend und erfuhren, daß sie zum Teil in vorchristlicher Zeit entstanden sind.
Im Verlauf von Jahrhunderten verewigten sich Künstler und Händler, Gesandtschaften und Pilger, Hirten, Jäger und Krieger: Reisende auf der Seidenstraße, die hier rasteten und sowohl die Felswände wie große Steine mit monumentalen Malereien und Reliefs schmückten, vorwiegend aus dem Leben Buddhas. Viele Szenen sind sicherlich aus frommem Eifer entstanden, andere zeigen Szenen und Ereignisse ihrer abenteuerlichen Wanderungen, Kämpfe und Jagden. Es wird noch Jahre dauern, bis die Forscher ihre Untersuchungen abgeschlossen haben; wenn diese auf die Felsbildkunst im benachbarten Baltistan ausgedehnt werden, noch wesentlich länger.

Bei den Gesprächen mit Volker Thewalt bedauerte ich – wie schon so oft –, daß ich nicht Archäologie studiert hatte. Welche ungeahnten Möglichkeiten gab es hier! Heimlich nahm ich mir vor, eines Tages wiederzukommen und mich um einen bescheidenen Doppel-Job als Azubi und Küchenfee zu bewerben.

Langsam aber stetig näherte sich die große Fahrt ihrem Ende. An unserem Weg lag der »Schicksalsberg der Deutschen«, der Achttausender Nanga Parbat, der 1954 von Hermann Buhl in einem großartigen Alleingang bestiegen wurde, nachdem sieben Expeditionen vorher auf tragische Weise gescheitert waren. Südlich davon erinnert ein steinernes Denkmal an die Baumeister der Straße über das Dach der Welt, an die Ingenieure aus beiden Ländern und an die Arbeiter, die ihre kühnen Pläne in die Tat umsetzten.

In *Hevelian,* hundert Kilometer von Islamabad entfernt, endet der Karakorum-Highway. Im Bazar hing ein Schild, auf dem in ungelenken Buchstaben »Ich liebe Deutschland« zu entziffern war. Daneben standen aufgestapelte Kästen mit grellbunter Limonade. Eine verschleierte Frau wischte mit einem Lappen über die Theke der kleinen Schankbude. Diese Kombination weckte die Kritiklust von Alois. »Ist das ein Land!« sagte er, »ihre Weiberleut' verstecken sie, und was Gescheites zum Trinken gibt's auch nicht. Es wird Zeit, daß wir wieder nach Bayern kommen!« Diese Klage erinnerte lebhaft an den »Münchner im Himmel« – und an seine Sehnsucht nach irdischen Genüssen, anstatt Manna zu schlürfen und zu frohlocken!

Wir waren alle ein bißchen reisemüde.

In der Hauptstadt *Islamabad* erwartete uns bereits der hilfreiche Botschafter Gerd Berendonck, und wir feierten, wie geplant, noch einmal Hilmars Geburtstag zusammen mit dem erfolgreichen Abschluß der *Audi-Expedition Seidenstraße.* Bei der Pressekonferenz am nächsten Tag war das Interesse der Medien noch stärker als beim Start in Shanghai. Dort hatten uns insgeheim manche belächelt, unter dem spöttischen Vorbehalt: Das kann ja nur schiefgehen. Doch siehe da – wir lebten, waren gesund und munter, und die *quattros* hatten alle Hindernisse mit Bravour genommen.

Unsere Zeitungskollegen schrieben begeistert über die Expedition, und die Fernsehgesellschaften machten gleich mehrere Interviews. Alois klappte die Dachzelte zur Demonstration auf und zu und zeigte voll Genugtuung die nicht benötigten Ersatzteile.

Als Pakistans Präsident Zia-ul-Haq eine der Sendungen in den Nachrichten sah, ließ er uns zum Abendessen einladen, um mehr Einzelheiten zu erfahren. Durch unsere unziemliche Eile kamen wir um dieses Vergnügen: Wir saßen schon wieder hinter dem Steuer, als das Protokoll seinen Wunsch weitergeleitet hatte.

Der Schlußpunkt der Reise über die Seidenstraße lag für uns erst hinter *Peshawar,* einer geschäftigen orientalischen Handelsstadt mit langer Geschichte. Die Karawanen der alten Zeit zogen weiter im Norden über die afghanische Grenze. Doch die einzige Fahrstraße geht über den berühmten *Khyber-Paß.* Seit dem sowjetischen Einmarsch im Jahr 1978 ist er geschlossen – an einem Schlagbaum mit Stop-Schild endete unsere Expedition auf Marco Polos Spuren, fünfzig Jahre nach Sven Hedin. Abgesehen von sechs platten Reifen, zwei zerbrochenen Scheiben und der defekten Hydraulik-Pumpe hatte es keinerlei Pannen gegeben.

Eine Woche später wurde *Silbermond* in Karachi auf ein Container-Schiff verladen. *Purpursonne* nahmen wir mit an Bord eines Lufthansa-Jumbos: Festgezurrt auf einer Palette fand er Platz im Schwanz des Riesenvogels und flog direkt nach Frankfurt.

Die Tachometer zeigten etwas über 11000 Kilometer an, die Hälfte dieser Strecke umfaßte die historische Seidenstraße.

Das allzuviel gebrauchte, fast verbrauchte Wort vom »letzten großen Abenteuer« hat mittlerweile schon Eingang in die Touristik-Werbung gefunden. Um es nicht weiter zu strapazieren, möchte ich am Ende unseres Berichtes noch einmal Marco Polo zitieren mit seinen Schlußworten in der alten italienischen Crusca-Ausgabe: »Deo gratias. Amen. Amen.«

Willkommens-Telex bei der Ankunft am Flughafen Frankfurt

```
4102052 bkb d
5505-55 audi d
zczc qqa996 02.10.85   15.50 tx-no:   55e868 02.10.85   15.48


liebe pabels,

herzlichen glueckwunsch zur grossartigen leistung, die
den strapazen der haertesten rallye in nichts nachsteht.
nach 5.500 kilometern seidenstrasse und noch mit dem
staub der alten welt versehen, begruesse ich sie wieder
auf dem boden der heimat und freue mich, ihnen sehr bald
in ingolstadt die hand druecken zu koennen.

ihr wolfgang r. habbel

nnnn
4102052 bkb d
5505-55 audi d
```

Ein privates Postskriptum:

Da aller guten Dinge drei sind, möchten wir uns zum Abschluß dreimal bedanken:
Bei Lilo Vogel-Steinbach, die die Symbol-Bilder für *Purpursonne* und *Silbermond* malte;
bei »unseren« Botschaftern in Beijing wie Islamabad, die sich mit großem Engagement für die Expedition Seidenstraße einsetzten. Und bei Dr. Gunter Pleuger, der von Bonn aus dezente Schützenhilfe auf dem diplomatischen Parkett gab;
bei Hans-Joachim Bargmann, dem China-Experten unter unseren Kollegen, der uns vor dem Start beraten und nach der Rückkehr das Buchmanuskript mit kritischen Augen gelesen hat.

Zuletzt noch einige Informationen für Foto-Fans:
Alle Aufnahmen dieses Bildbandes wurden mit der Leica R 4 und M 6 gemacht und mit den verschiedensten Objektiven vom 19-mm-Superweitwinkel bis zum 400-mm-Tele. – Für die unterschiedlichen Lichtverhältnisse während der Reise standen folgende Filme zur Auswahl: Kodachrome 25 und 64 sowie Ektachrome 100 bis 400.

Synchronoptische Zeittafel China – Europa

	CHINA	EUROPA
ca. 21. Jh. – 16. Jh. v. Chr.	Unter den 17 Königen der *Xia-(Hsia-)Dynastie* Begründung des chinesischen Staates.	Bronzezeit löst die Jungsteinzeit ab, Ausbreitung der Hügelgräber
ca. 16. Jh. – 11. Jh. v. Chr.	*Shang-(Yin-)Dynastie* unter etwa 30 Königen; erste unglasierte Porzellangefäße; erster Nachweis chinesischer Seidengewebe.	Gründung Athens; Ägäische Wanderung; Mykenische Kultur; Besiedelung Italiens.
ca. 11. Jh. – 221 v. Chr.	*Zhou-(Chou-)Dynastie:* Westliche Zhou (11. Jh. bis 771), Östliche Zhou (770–256), Frühlings- und Herbstperiode (772–476), Seidenhandel mit Indien, Westasien und nach Europa über die Seidenstraße. Konfuzius (um 551–479).	Etrusker in Italien; Keltenzeit; Skythen in Westeuropa; Blütezeit der klassischen griechischen Kunst; Alexander der Große (336–323).
221 – 206 v. Chr.	*Qin-(Ch'in-)Dynastie* unter 3 Kaisern; Vollendung der Großen Mauer gegen die Hsiung-nu (Hunnen).	Im 2. Punischen Krieg römische Niederlage gegen Hannibal (Cannae, 216).
206 v. Chr. – 220 n. Chr.	*Han-Dynastie:* Westliche Han (206 v. Chr. – 25 n. Chr., Kaiser Wu-Ti dehnt Macht bis nach Westasien, Korea und Südostasien aus); Östliche Han (25 – 220, Chinesen dringen bis Sinkiang vor); Buddhismus kommt von Indien nach China.	Zerstörung Karthagos (146); Rom wird Weltmacht; Prinzipat und Kaiserzeit, von Augustus bis Caracalla; frühes Christentum.
220 – 280	Die Zeit der *drei Reiche Wei, Shu und Wu,* die sich untereinander bekämpfen.	Soldatenkaiser in Rom; Frankeneinfall in Gallien und bis Spanien.
265 – 317	*Westliche Jin-(Tsin-) Dynastie* unter 4 Kaisern.	Teilung des Römischen Weltreiches (284); Konstantin der Große (280–337) bekennt sich zum Christentum.
317 – 439	*Östliche Jin-(Tsin-) Dynastie* (317–420) und die *Zeit der 16 Staaten (304–439):* Beginn einer fast dreihundert Jahre andauernden Periode, die China in eine unter Fremdherrschaft stehende Nord- und eine von einheimischen Dynastien regierte Süd-Hälfte spalten.	Konstantinopel (Byzanz, Istanbul) wird christliche Stadt gegen das heidnische Rom (328); unter Theodosius wird das Christentum Staatsreligion, Ravenna weströmische Hauptstadt (403); Westgoten unter Alarich plündern Rom (410).
420 – 589	*Südliche und nördliche Dynastien:* Im Süden Song (Sung) von 420–479, Qi (Ch'i) von 479–502, Liang von 502–557 und Chen (Ch'en) von 557–589; im Norden Nördliche Wei von 386–534, Östliche Wei von 534–550, Westliche Wei von 535–556 und Nördliche Zhou von 557–581. Buddhismus wird Staatsreligion in Südchina; Entstehen des Tao-te-ching; großes Zeitalter der buddhistischen Skulptur in China.	Hunnen-Vorstoß unter Attila nach Westeuropa, er wird 451 auf den Katalaunischen Feldern (Châlons-sur-Marne) von Römern und Westgoten geschlagen; Chlodwig I. begründet das Merowingerreich und tritt zum katholischen Glauben über.
589 – 618	Wiederherstellung der Einheit Chinas mit der *Sui-Dynastie.*	Fränkische Oberhoheit über die Langobarden.
618 – 907	*Tang-(T'ang-)Dynastie* unter 20 Kaisern; unter Hsuan-tsung Aufschwung von Literatur und Kunst in China; Li Tai-po (701–762); Bürgerkrieg in China (755–763).	Ausbreitung des Islam bis Spanien; Karl Martell schlägt die Araber bei Poitiers (732); Karl der Große vereinigt das Frankenreich; Raubzüge der Normannen in Westeuropa.
907 – 960	*Fünf Dynastien und zehn Königreiche:* Späte Liang (907–923), Späte Tang (923–936), Späte Jin (936–947), Späte Han (947–950), Späte Zhou (951–960), zehn Königreiche (902–949).	König Otto I. besiegt die Ungarn auf dem Lechfeld (955).
960 – 1279	*Song-(Sung-)Dynastie* und damit Wiedervereinigung Chinas durch einen Heerführer von Nord-Chou: Nördliche Song (960–1127), Südliche Song (1127–1279). Gleichzeitig von 907–1125 die Teilstaaten unter Liao-(Kitan-)Dynastie, die Westliche Xia-(Hsia-)Dynastie von 1032–1227 und die Jin-(Jurchen-)Dynastie von 1115–1234; um 1215 unterwirft Tschingis Khan diese Teilstaaten; Hang-Chou wird Zentrum hochkultivierter Lebensart; Höhepunkt des Neo-Konfuzianismus in China unter Chu Hsi (1131–1200); Kublai Khan und seine Mongolen gehen im Chinesentum auf, Marco Polo ab 1271 an seinem Pekinger Hof (bis 1288).	Aufstieg und Blüte des Kiewer Reiches, Bekehrung zum orthodoxen Christentum unter Wladimir I. (973–1015); Hugo Capet wird König von Frankreich (987); Wilhelm von der Normandie erobert England (1066) und zwingt Schottland zum Vasalleneid (1071); Investiturstreit in Deutschland; Kaiser Friedrich I. Barbarossa (1155–1190); „Goldene Bulle" Friedrichs II. (1213); „Magna Charta" in England (1215); deutsch-polnisches Heer schlägt die Mongolen bei Liegnitz (1241).
1279 – 1368	Die mongolische *Yuan-(Yüan-)Dynastie* unter 10 Kaisern: Unter Kublai Khan Förderung des	Herausbildung der reichsfreien schweizerischen „Eidgenossenschaft"; Kaiserkrönung

	CHINA	EUROPA
	Kaufmannsstandes, Verbesserung des Verkehrs (Poststationen), Papiergeld als Standardwährung; Verbrennung taoistischer Schriften; Aufstandsbewegung der „Roten Turbane" wegen Mißernten und unfähiger Verwaltung.	Ludwigs des Bayern in Rom (1327); Iwan I. beginnt mit „Sammlung der russischen Erde" (1328); „Hundertjähriger Krieg" zwischen England und Frankreich (bis 1453).
1368 – 1399	*Hongwu (Hung Wu)* begründet als *erster Ming-Kaiser* die *Ming-Dynastie* (bis 1644 insgesamt 17 Kaiser).	Deutsche Städtebünde; Aufstieg Venedigs zur Großmacht.
1399 – 1403	Kaiser *Chien Wen* der Ming-Dynastie; chinesische Handelsexpeditionen per Schiff bis nach Afrika (bis 1433).	Nürnberg führende deutsche Handelsstadt.
1403 – 1425	Kaiser *Yongle (Yung Lo)*; Gesetzessammlung der Ming-Dynastie verkündet (1424).	Konzil von Konstanz (1414–17); Hussitenkriege (1419–1436) in Böhmen.
1425 – 1426	Kaiser *Hongxi (Hung Hsi)*.	Carpini im Auftrag des Papstes am Mongolenhof in Karakorum.
1426 – 1436	Kaiser *Xuande (Hsuan Teh)*; Handelsexpeditionen nach Java, Sumatra und Ceylon; Ausbau der Großen Mauer.	Krieg der Hanse gegen Dänemark; Verbrennungstod von Jeanne d'Arc (1430).
1436 – 1450	Kaiser *Zhentong (Cheng Tung)*; vorübergehender Verfall der Ming-Dynastie.	Engländer aus Frankreich vertrieben; Bund Venedig–Florenz–Genua besiegt Mailand (1440).
1450 – 1457	Kaiser *Jingtai (Ching Tai)*; Buddhismus und Taoismus sind Volksreligionen.	„Rosenkriege" zwischen den Häusern Lancaster und York (bis 1485); Türken in Athen (1456).
1457 – 1465	Kaiser *Tianshun (Tien Shun)*; der Dichter und Maler Shen Chou gründet die Wu-Schule.	„Bundschuh"-Bauernaufstand im Schwarzwald (1460).
1465 – 1488	Kaiser *Chenghua (Cheng Hua)*.	Iwan III. befreit Rußland von der Tatarenherrschaft (ab 1478); erste Hexenverbrennungen der spanischen Inquisition (1481).
1488 – 1506	Kaiser *Hongzhi (Hung Chih)*.	Bündnis zwischen Habsburg und Spanien (1496).
1506 – 1522	Kaiser *Zhengde (Cheng Teh)*; unter ihm Verfall der Kaisergewalt in China; Förderung des Taoismus und Verfolgung des Buddhismus.	Gründung der Heiligen Liga zur Vertreibung der Franzosen aus Italien (1511); Verstaatlichung der katholischen Kirche in Frankreich (Konkordat, 1516); Martin Luther verkündet seine 95 Thesen (1517).

	CHINA	EUROPA
1522 – 1567	Kaiser *Jianjing (Chia Ching)*; Konsolidierung der Kaisergewalt.	Bauernkrieg in Deutschland (1524/25); die Türken vor Wien (1529 und 1532); Hugenottenkriege in Frankreich (ab 1562).
1567 – 1573	Kaiser *Longquing (Lung Ching)*.	Seeschlacht von Lepanto (1571).
1573 – 1620	*Kaiser Wanli (Wan Li)*.	Ende der spanischen Armada im englischen Kanal (1588); Beginn des Dreißigjährigen Krieges 1618.
1620 – 1621	Kaiser *Taichang (Tai Chang)*.	Friedrich von der Pfalz von Tilly am Weißen Berg geschlagen.
1621 – 1628	Kaiser *Tianqi (Tien Chi)*; Aufstand der Sekte „Weißer Lotos" in Shantung leitet erneut Periode der Schwächung ein.	Gustav II. Adolf von Schweden kontrolliert Livland und unterwirft die polnischen Lehensländer Ost- und Westpreußen (ohne Danzig) (1625).
1628 – 1644	*Letzter Ming-Kaiser Chongzhen* (Chung Cheng); erstmals englische Kaufleute in Kanton (1637).	Gustav II. Adolf marschiert bis Mainz (1631) und fällt in der Schlacht bei Lützen (1632); Revolution und Bürgerkrieg in England unter Oliver Cromwell (1641–1646).
1644 – 1662	*Erster Mandschu-Kaiser Shunzhi* (Shun Chih), der die *Qing-(Ching-)Dynastie der Mandschu* (ursprünglich eine Abteilung der Jurchen, ab 1616 eine im Chinesentum aufgehende Nation) mit insgesamt 11 Kaisern einleitet (bis 1911).	Westfälischer Friede (1648); Ende der Republik in England (1658).
1662 – 1723	Mandschu-Kaiser *Kangxi (Kang Hsi)*; in Südchina und auf Formosa leisten Ming-loyale Truppen noch Widerstand gegen die Mandschu (bis 1683); Unterwerfung von ganz Zentralasien (bis 1697).	Friedrich Wilhelm von Brandenburg schlägt die Schweden bei Fehrbellin (1675); Türken belagern Wien und werden von Sobieski zurückgeschlagen (1683); Nordischer Krieg zwischen Rußland und Schweden (bis 1721); Spanischer Erbfolgekrieg (bis 1713).
1723 – 1736	Unter Kaiser *Yongzheng (Yung Chen)* straffe Kontrolle der Regierungsverwaltung; Opiumverbot.	Bündnis zwischen Österreich und Spanien; Allianz zwischen England, Frankreich und Preußen.
1736 – 1796	Unter Kaiser *Qianlong (Chien Lung)* politische und kulturelle Glanzzeit der Ching-Dynastie.	Friedrich II. von Preußen (1740–1786) und Maria Theresia (1740–1780); Französische Revolution (1789), Frankreich Republik (bis 1799).

	CHINA	*EUROPA*
1796 – 1821	Kaiser *Jiaqing (Chia Ching).*	Herrschaft Napoleons in Frankreich (1799–1815) und Europa; Wiener Kongreß (1815); griechische Erhebung gegen die Türken (bis 1829).
1821 – 1851	Kaiser *Daoguang (Tao Kuang);* China schließt seine Häfen für den europäischen Handel (1834); „Opiumkrieg" (ab 1839), Hongkong an Großbritannien, Wiederöffnung der Häfen (1842).	Bürgerliche Revolutionen in Europa (1848/49); zweite Republik in Frankreich (1848).
1851 – 1862	Kaiser *Xianfeng (Hsien Feng);* Aufstand der Taiping-Bewegung (bis 1864); zweiter „Opiumkrieg"; Briten und Franzosen in Peking, Erneuerung des Vertrages von Tiensin (1860).	Krimkrieg (Großbritannien, Frankreich, Türkei und Piemont gegen Rußland, 1853–56); Italienischer Einigungskrieg (1859).
1862 – 1875	Kaiser *Tongzhi (Tung Chih).*	Preußischer Sieg über Österreich um Vorherrschaft in Deutschland (1866); deutsch-französischer Krieg (1870/71).
1875 – 1908	Kaiser *Guangxu (Kuang Hsu);* japanisch-chinesischer Krieg um Einfluß in Korea (1894/5); Reformversuche des Kaisers enden durch Staatsstreich der Reaktion (1898) unter Führung der Kaiserinwitwe Ts'e-hi, die als Regentin den Kaiser internieren läßt (bis 1908); anti-europäischer „Boxeraufstand" in China (bis 1901), der von europäischen Großmächte-Truppen niedergeschlagen wird; Sun Yat-sen gründet seine revolutionäre Partei (1900).	Zweibund Deutsches Reich und Österreich-Ungarn (1879); „Rückversicherungsvertrag" zwischen dem Deutschen Reich und Rußland (1887); Französisch-russische Militärkonvention (1892); Britisch-französischer Vertrag (Entente Cordiale, 1904).
1908 – 1911	Letzter Mandschu-Kaiser *Xuantong (Hsuan Tung)* bis zum Beginn der Revolution in China (1911/12).	Österreich-Ungarn annektiert Bosnien und die Herzegowina (1908).
1912 – 1949	*Republik China:* „Kuomintang" (KMT = Nationale Volkspartei) gegründet (1912); General Yüan-Shih-k'ai wird Präsident der Republik und gibt China neue Verfassung (1914); Gründung der KPCh (1921); Unabhängigkeit Chinas und Grundsatz der „Offenen Tür"; Gründung einer chinesischen Nationalregierung in Kanton (1925); Bruch Tschiang Kai-scheks mit der Nationalregierung; Ermordung der Kommunisten von Shanghai (1927); Tschiang Kai-schek in Peking, Gründung der „Roten Armee" in Wuhan (1928); Beginn des Bürgerkrieges zwischen Tschiang Kai-schek-Truppen und Kommunisten (1930); „Langer Marsch" der Roten Armee nach Yenan in Shensi (1934–36); Tschiang Kai-schek und KPCh machen gemeinsam Front gegen Japan (1937–45); Erneuter Bürgerkrieg (1946); Sieg der Kommunisten und Proklamation der Volksrepublik China (1949).	Balkankriege (1912/13); Erster Weltkrieg (1914–18); Revolution in Rußland (1917); Deutsches Reich wird Republik (1918); Bürgerkrieg in Rußland (1918–20); Friedensvertrag von Versailles und Verfassung von Weimar (1919); Mussolini wird Ministerpräsident eines faschistischen Italiens (1922); Tod Lenins und Machtkampf um Nachfolge, den Stalin gewinnt (1924); Weltwirtschaftskrise (ab 1929); Hitlers »Drittes Reich« (1933–1945); Spanischer Bürgerkrieg (1936–1939); Hitler entfesselt den Zweiten Weltkrieg (1939–45), der mit bedingungsloser Kapitulation und Besetzung Deutschlands endet (7. 5. 45); Bruch der »Allianz der Sieger« (1946/47); Teilung Deutschlands und Europas: BRD und DDR, Westmächte und Ostblock (1949).
1949 – 1986	*Volksrepublik China:* Freundschaftsvertrag mit der UdSSR; Bodenreform (1950–56); Bewegung »Laßt hundert Blumen blühen« (1956); Politik des »Sprung nach vorn« (1958); Bruch mit der UdSSR (1963); erste chinesische Atombombe (1964); Kulturrevolution der »Roten Garden« entscheiden Machtkampf zugunsten Maos (1966/67); Beitritt zur UNO (1971); Tod Maos (1976); Öffnung nach Westen (ab 1978); über eine Milliarde Bevölkerung (1982); wirtschaftliche Kooperation mit den USA und anderen kapitalistischen Staaten (ab 1984).	Nordatlantikpakt (NATO, 1949); Tod Stalins und »Neuer Kurs« in der UdSSR (ab 1953); BRD in der NATO (1955); Gründung des Warschauer Paktes (1955); Ungarn-Aufstand (1956); Römische Verträge (EWG/Euratom) (1957); Bau der Mauer in Berlin (1961); Vereinigung zur europäischen Gemeinschaft (EG) (1967); Militärische Intervention der Warschauer-Pakt-Staaten in der ČSSR (1968); NATO-Doppelbeschluß (1979); Friedensbewegung in Europa (ab 1980).